Il Colore dei Draghi

Adulto da Colorare
Libro Draghi Edition

Coloring Bandit

Pubblicato da Speedy Publishing Canada Limited

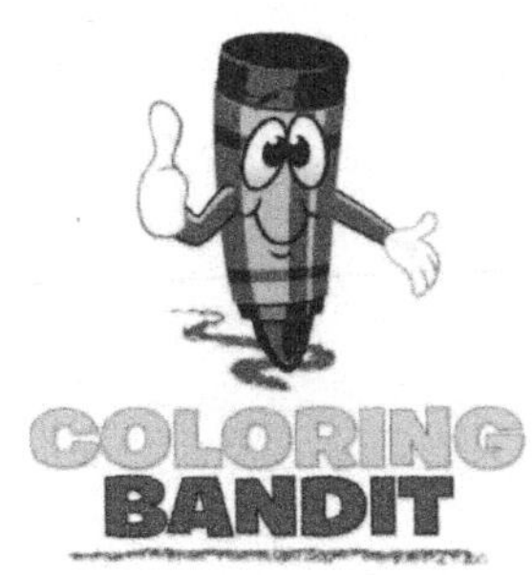

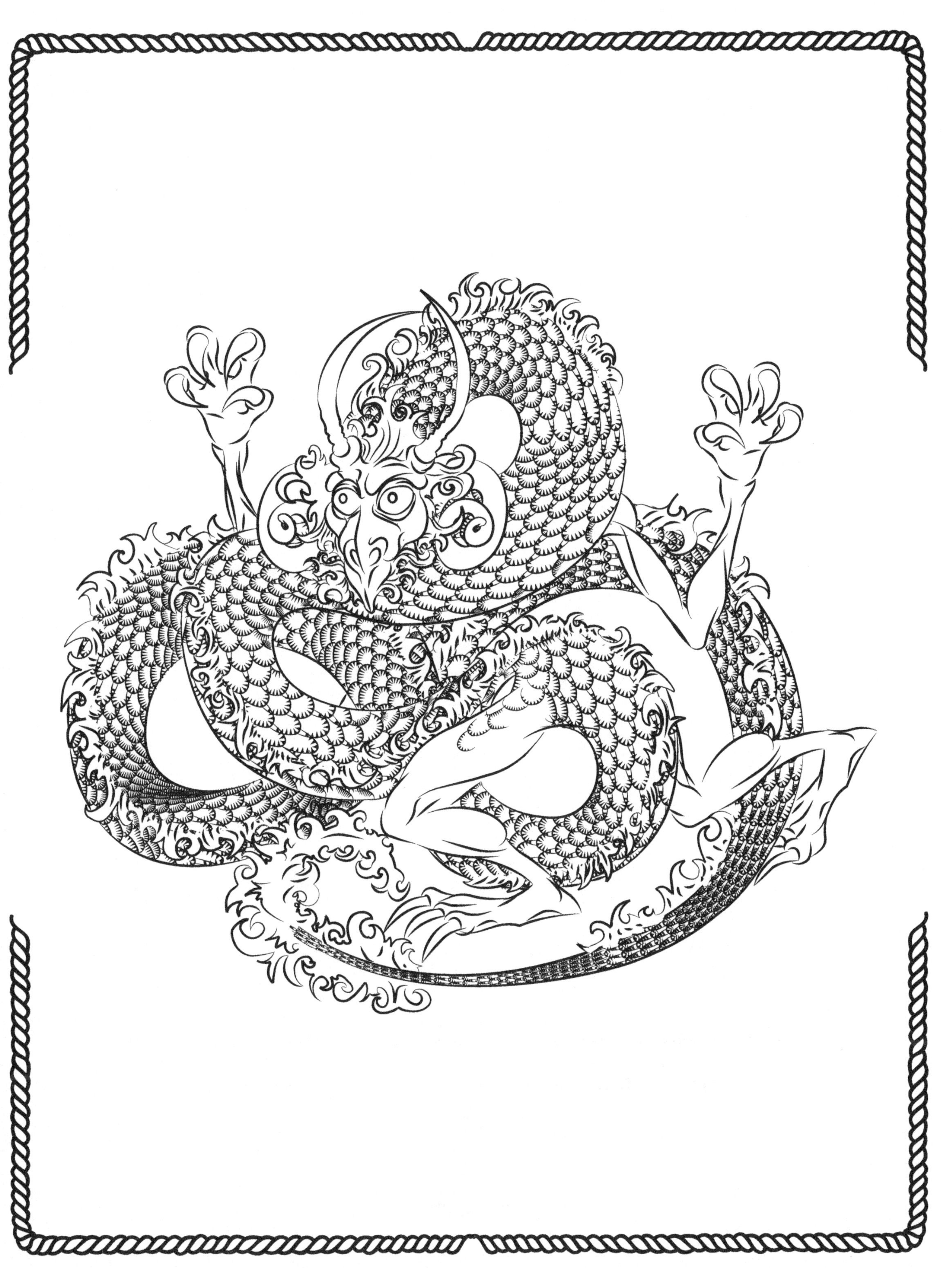

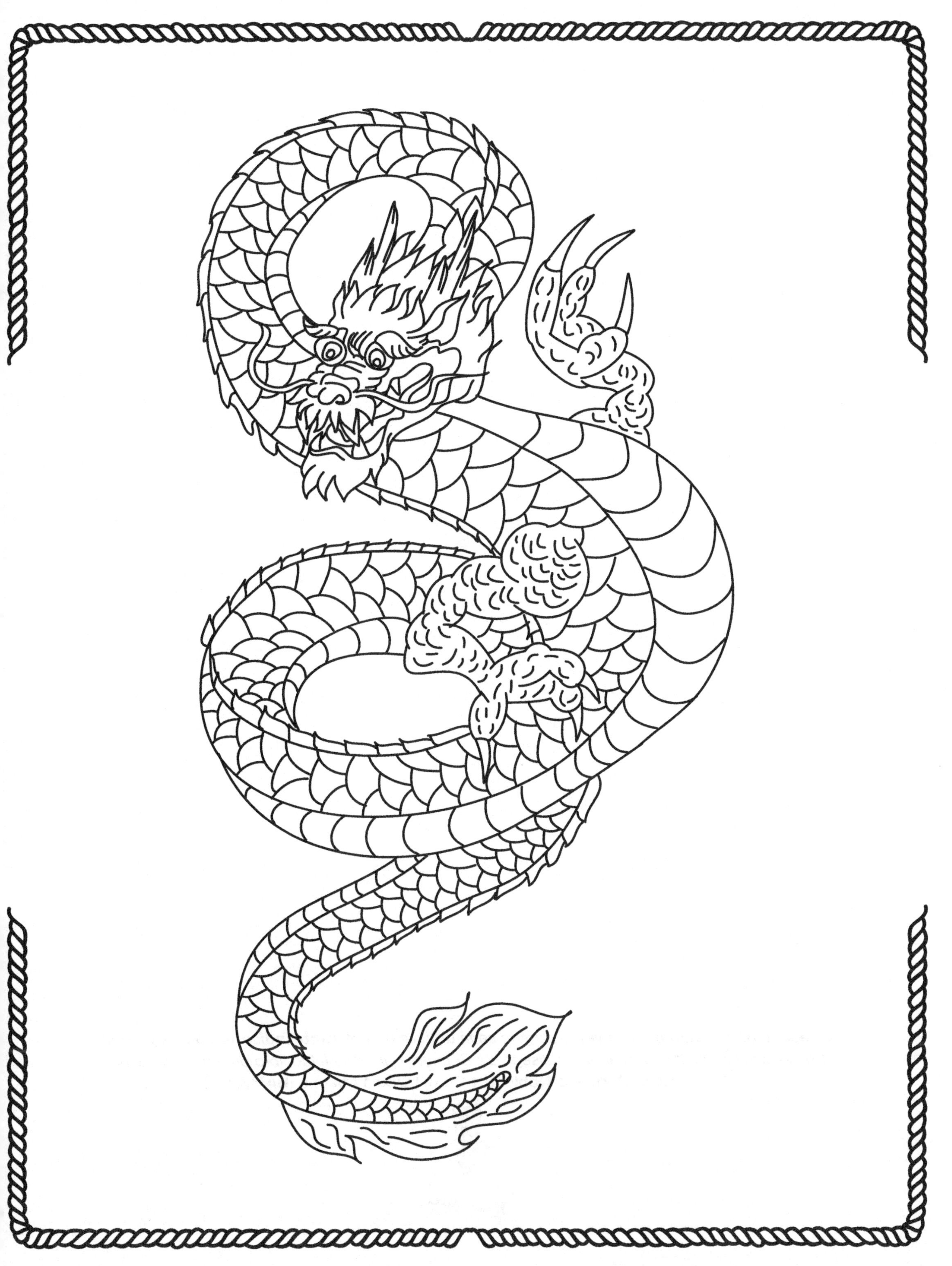

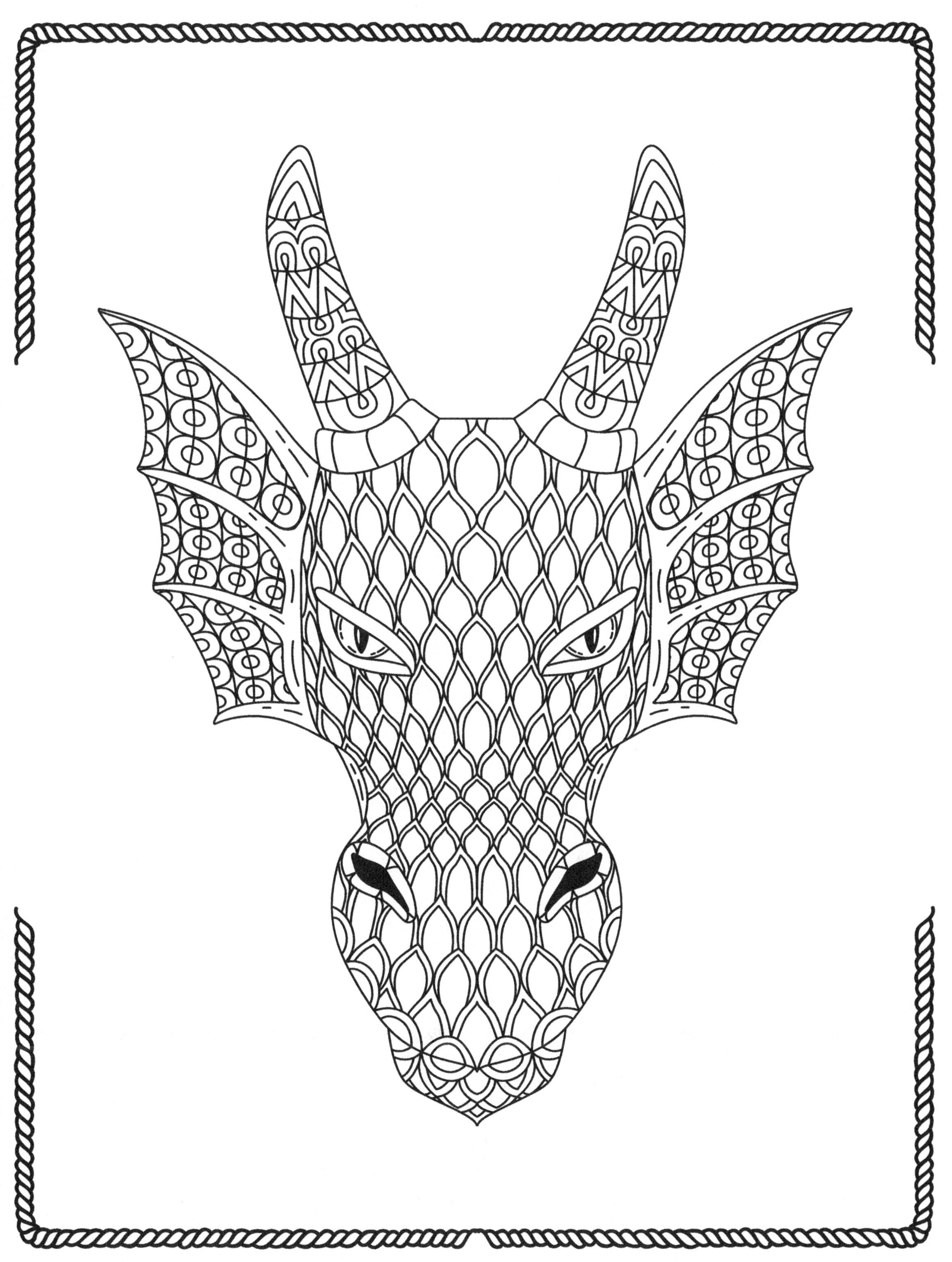

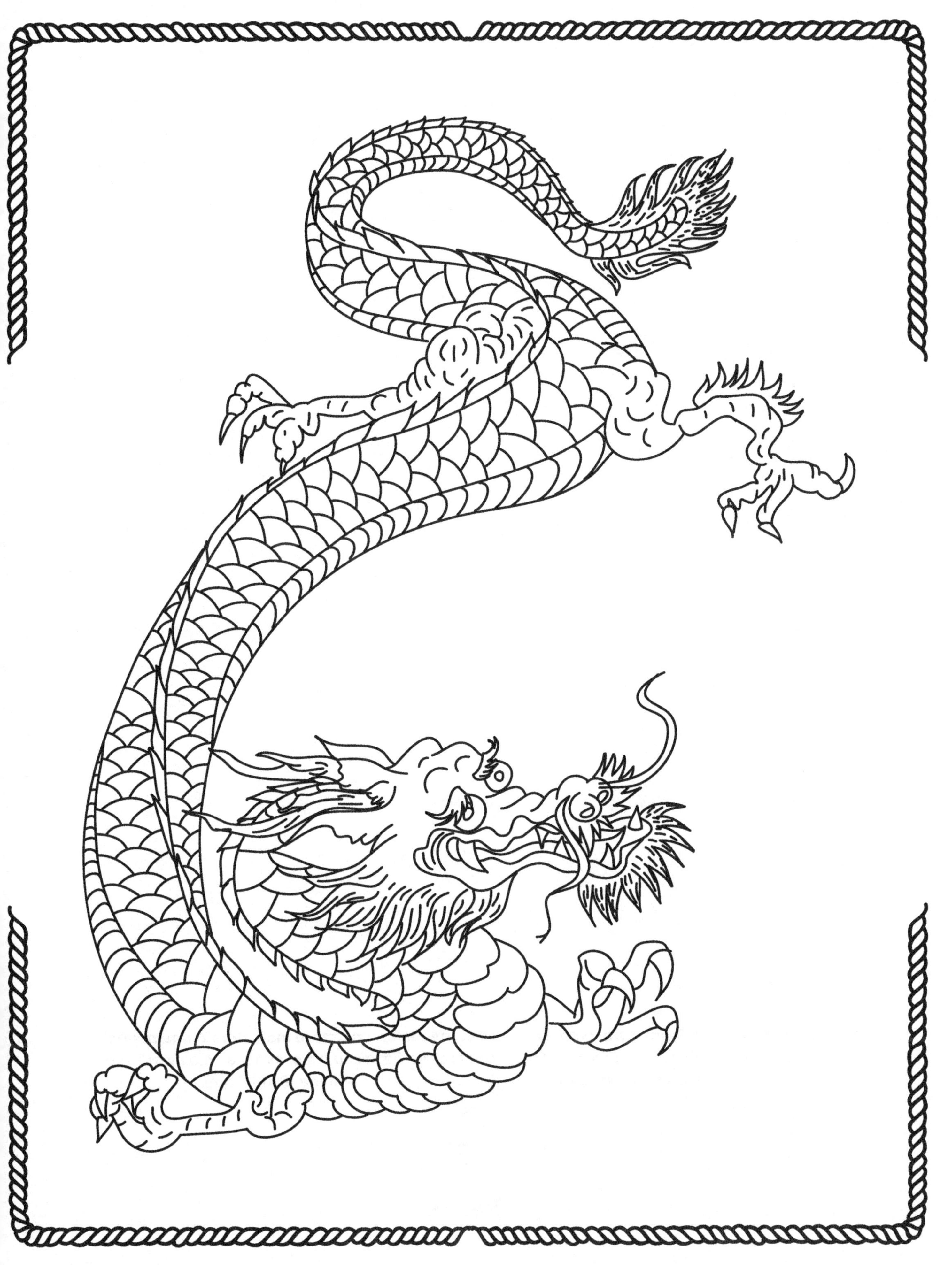

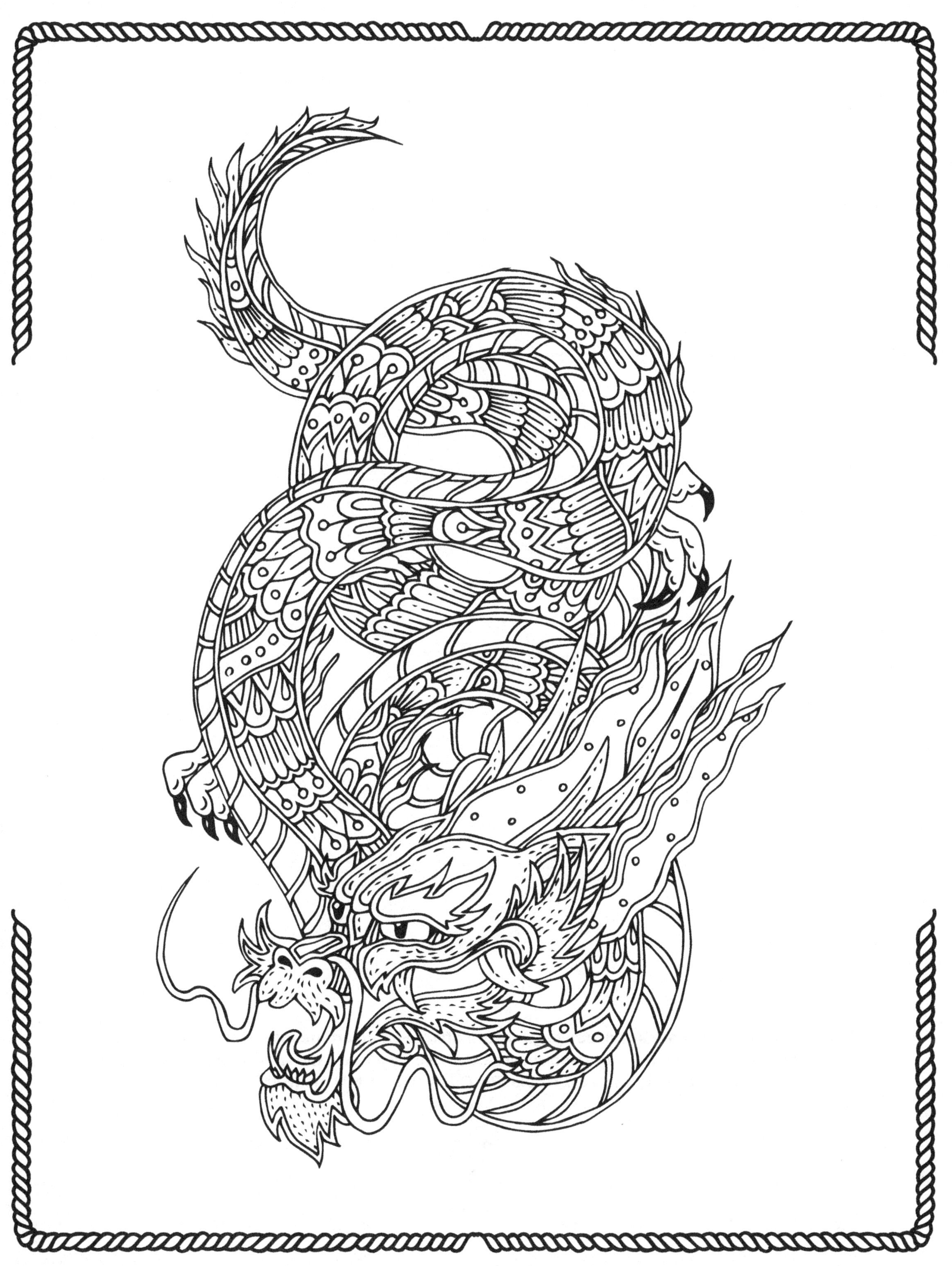

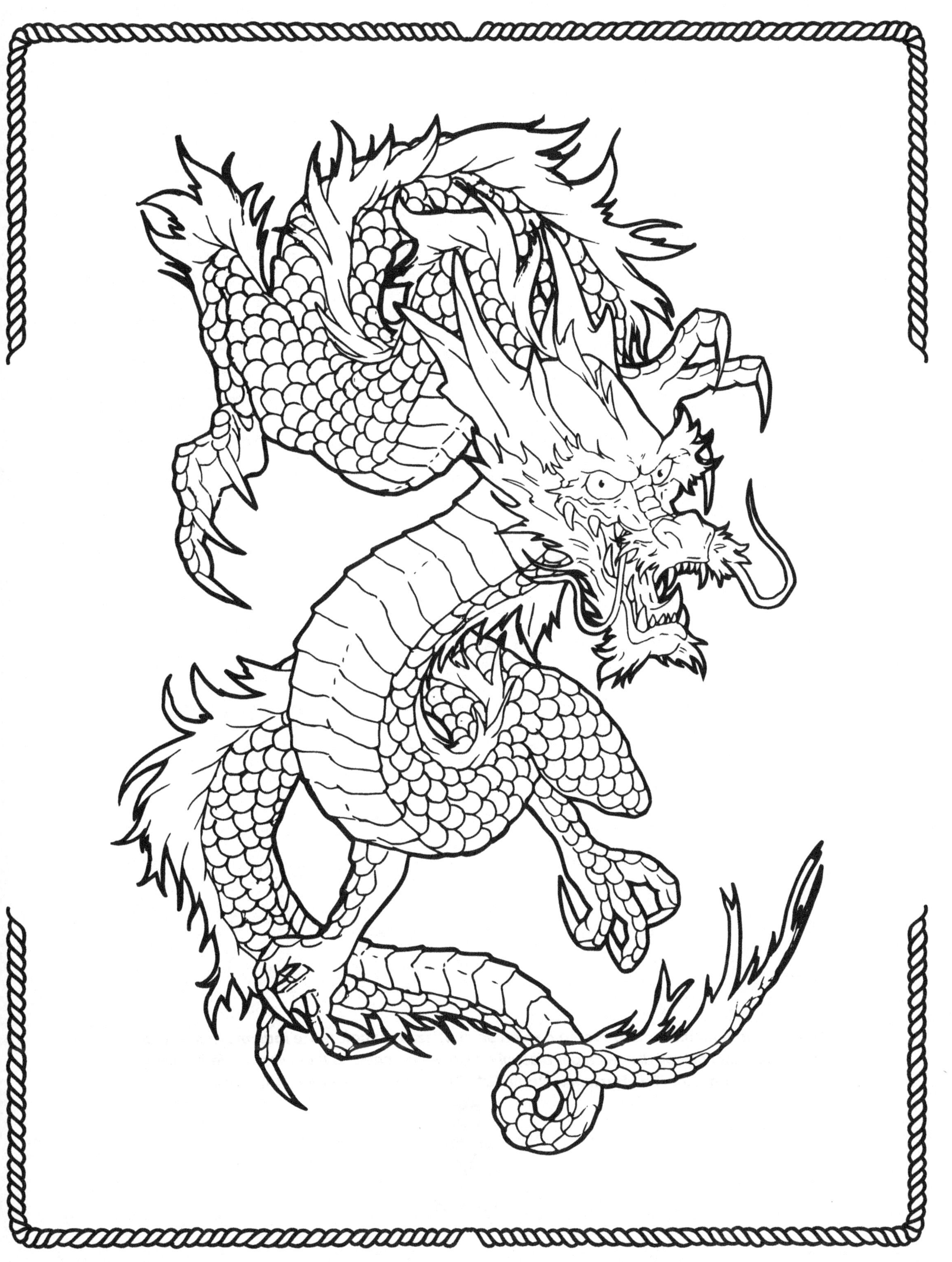

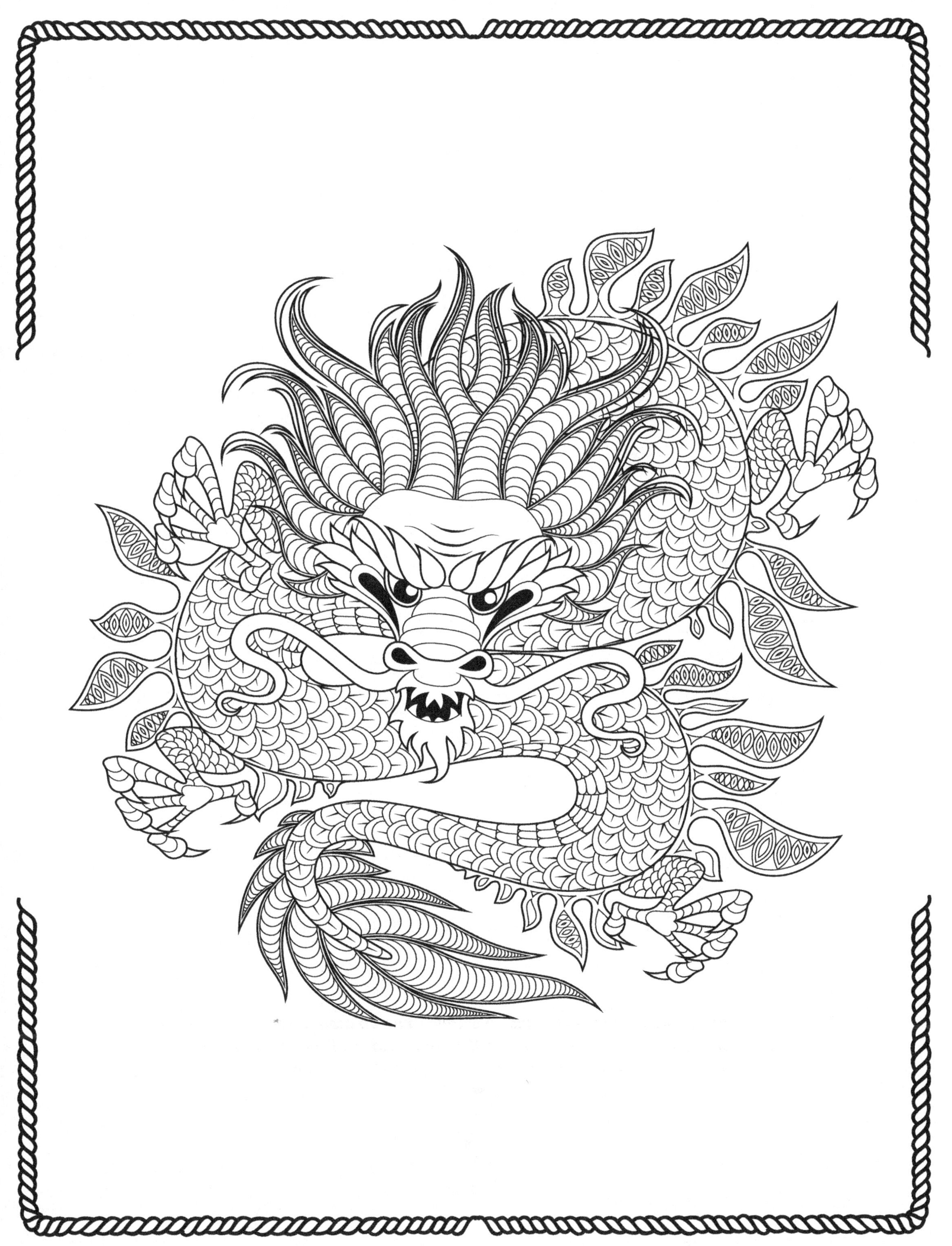

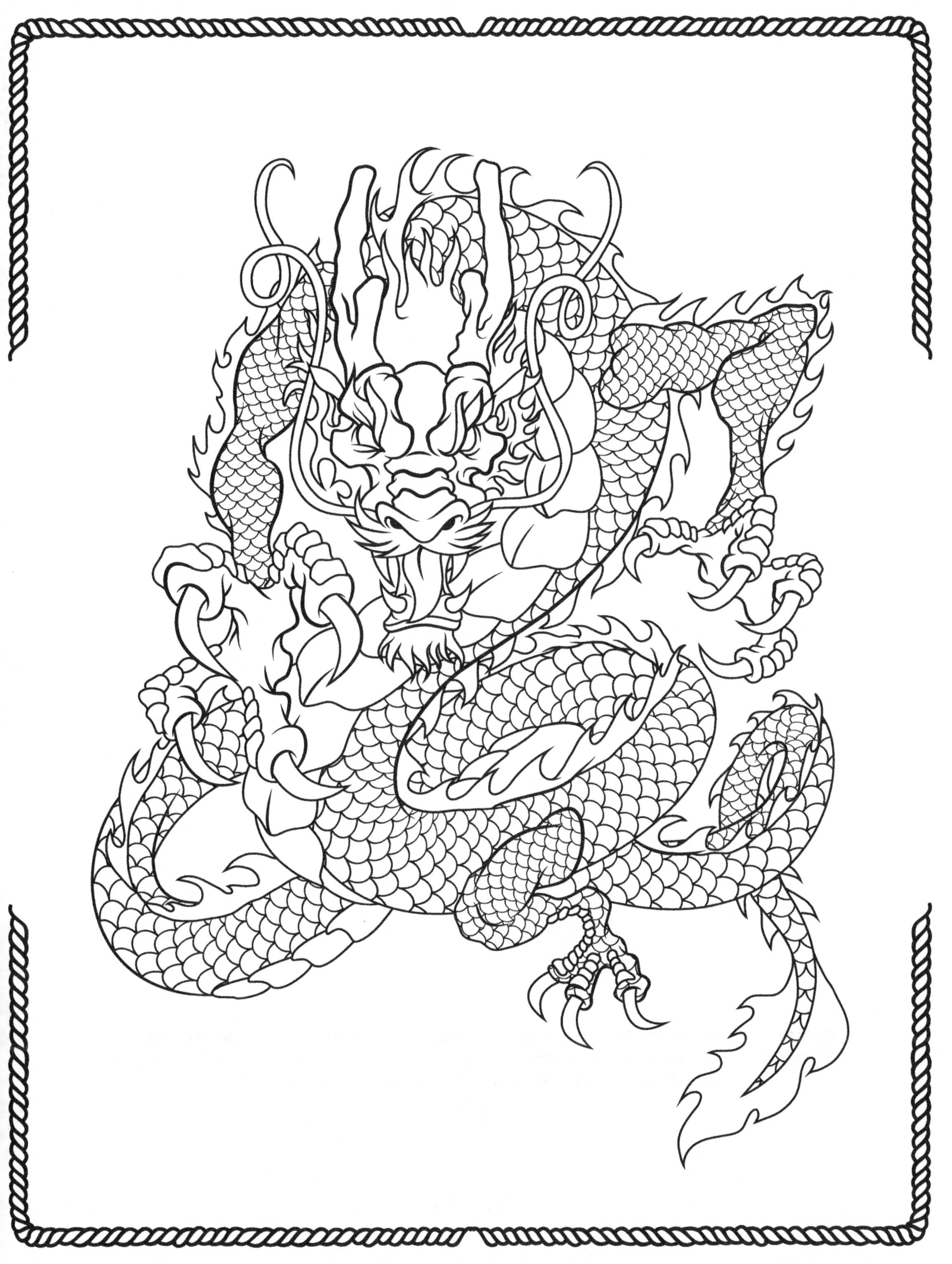

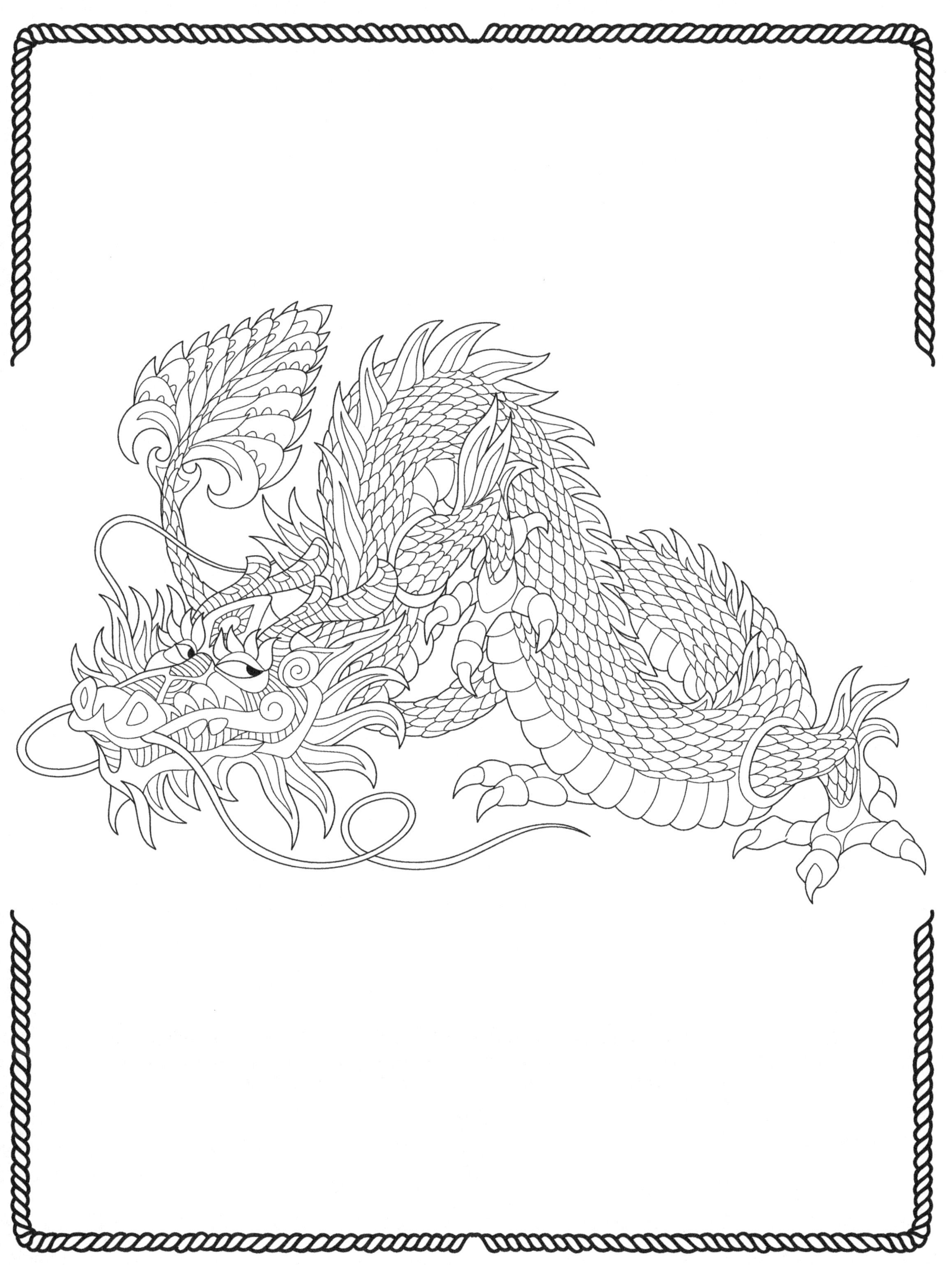

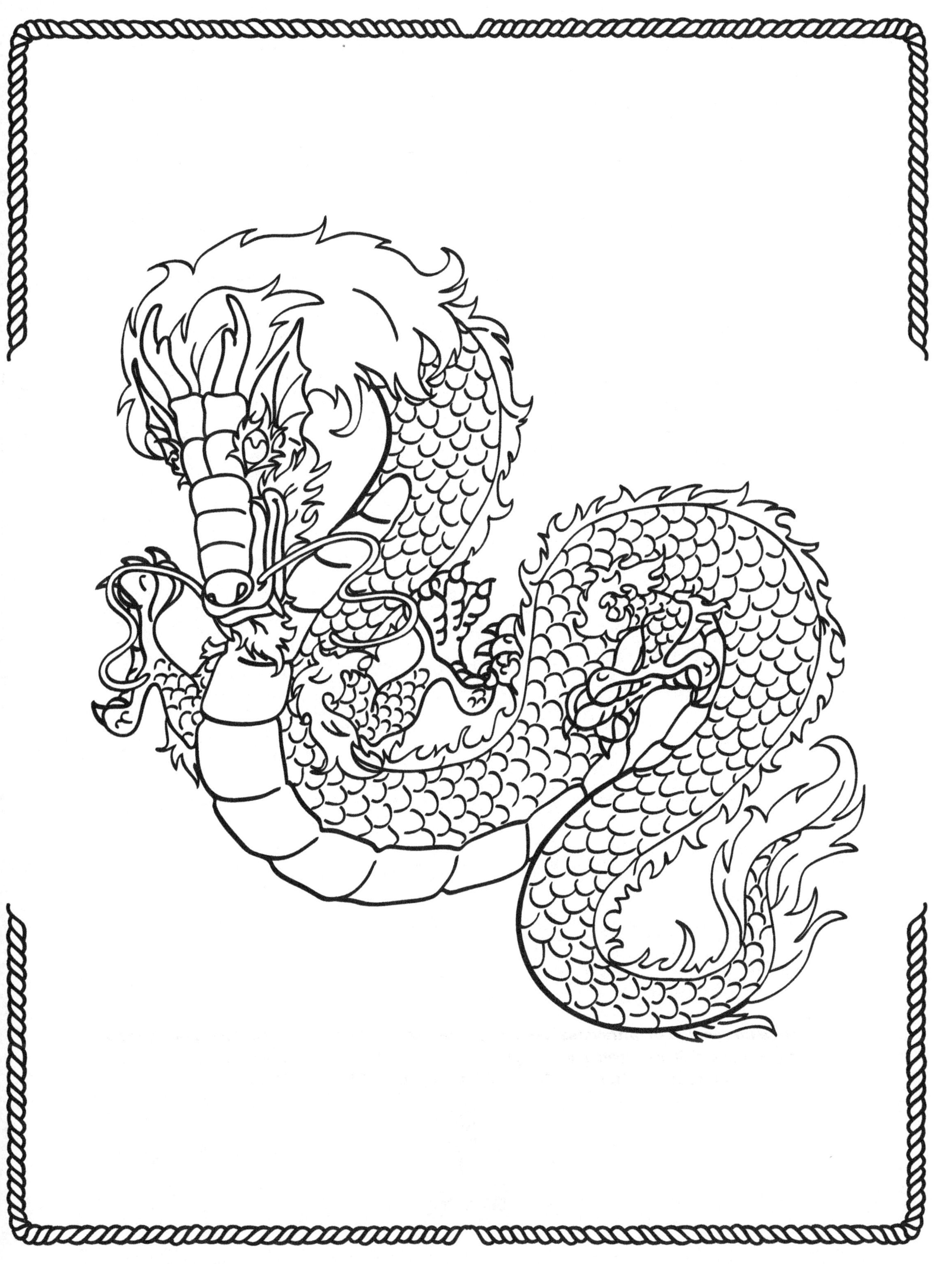

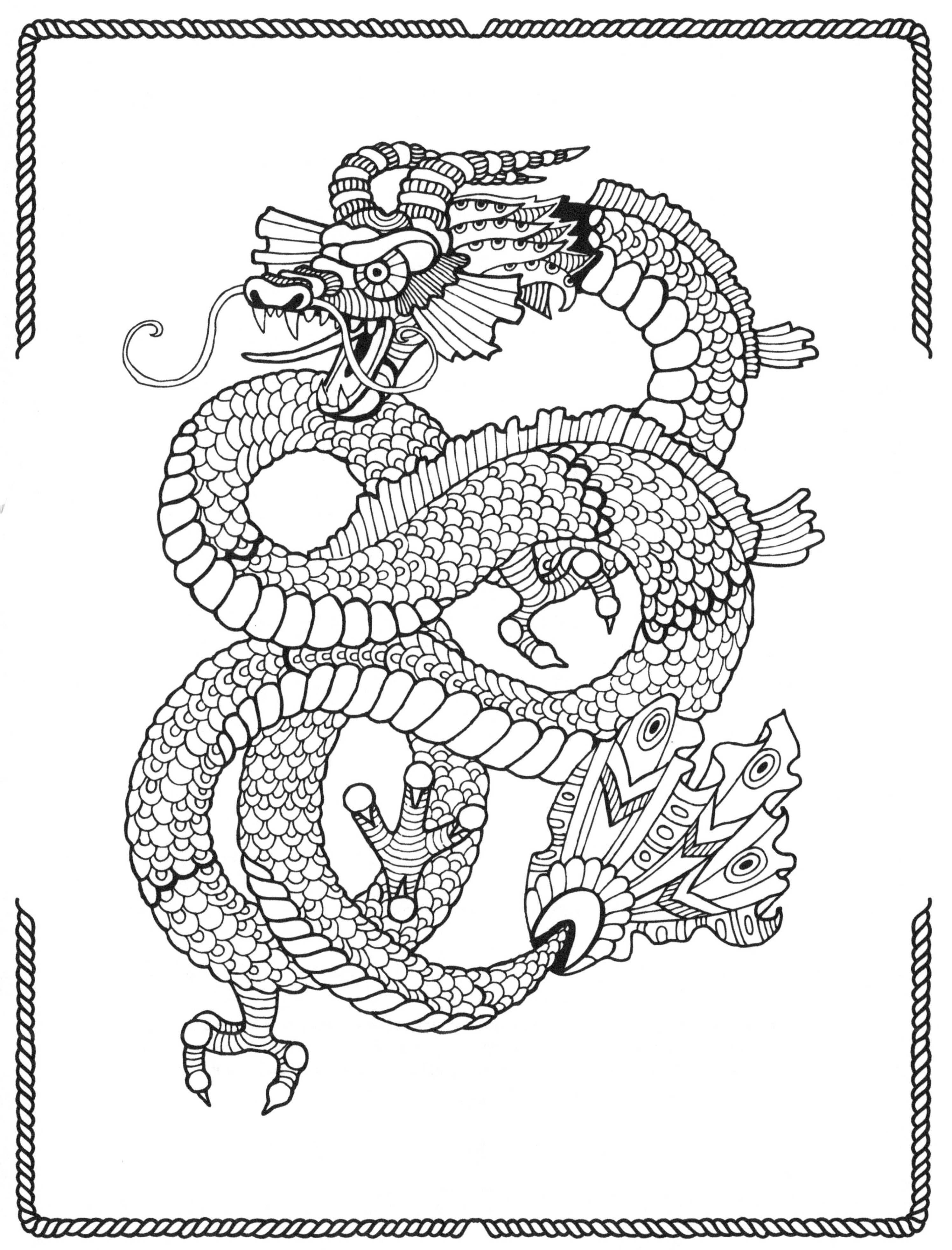

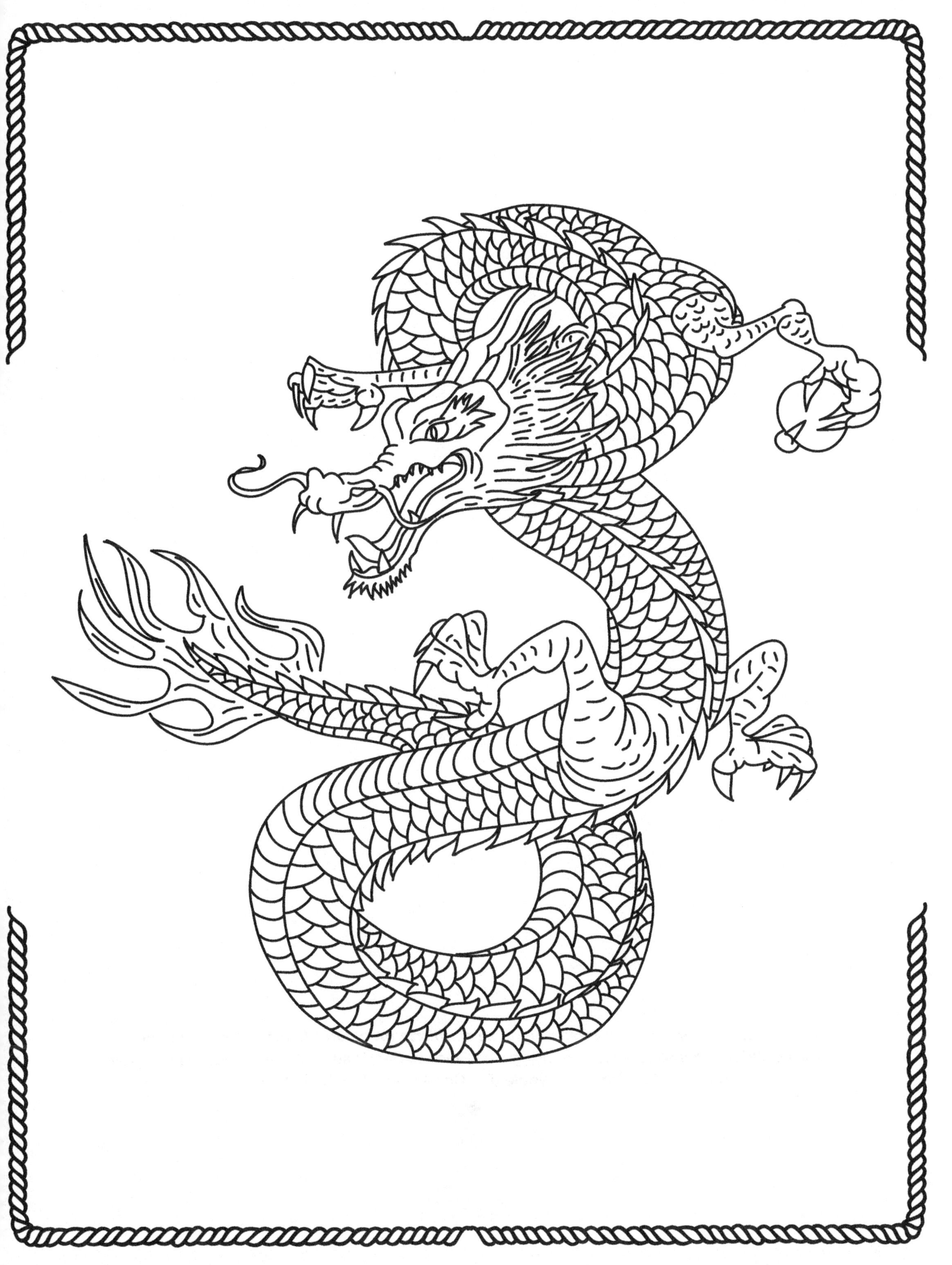

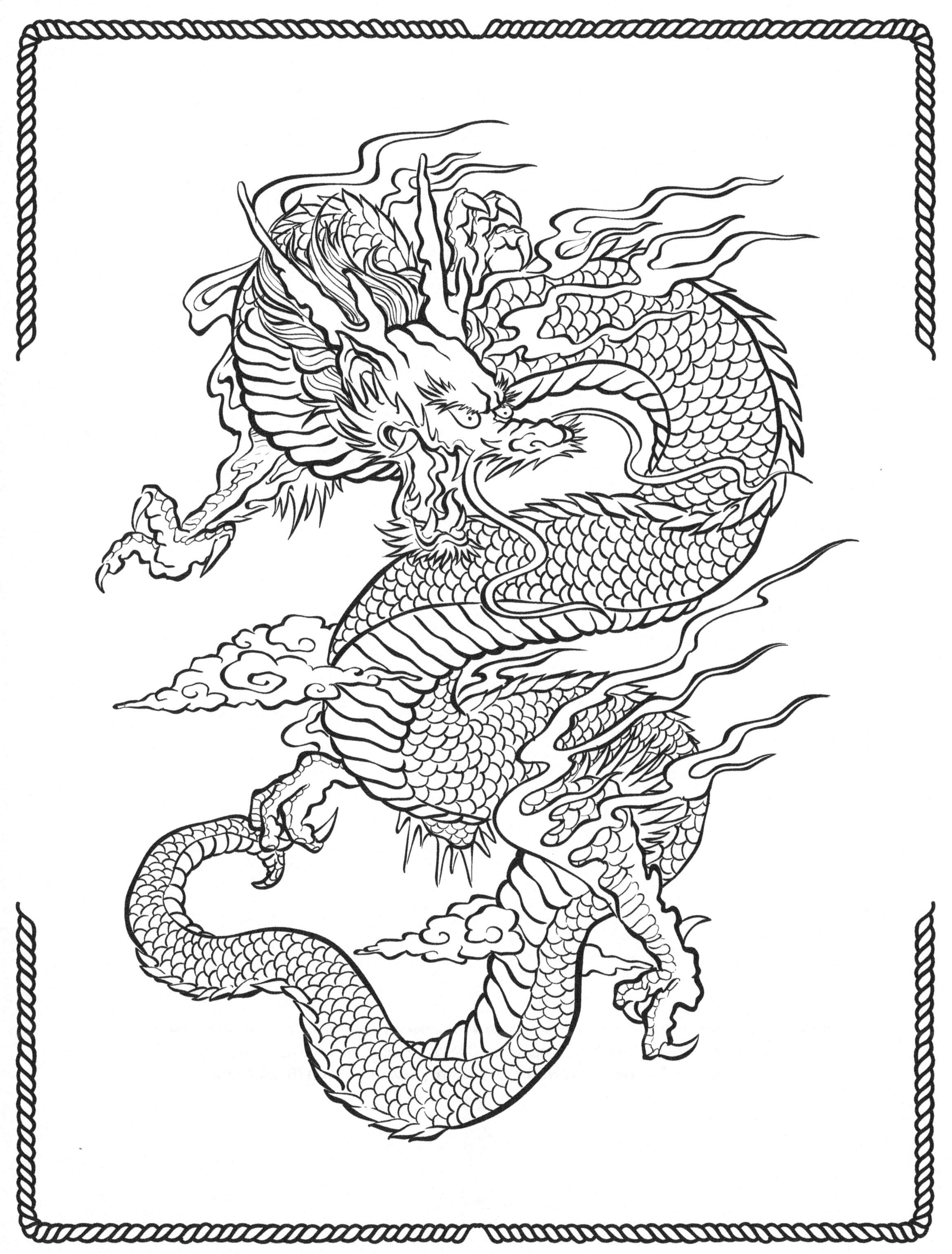

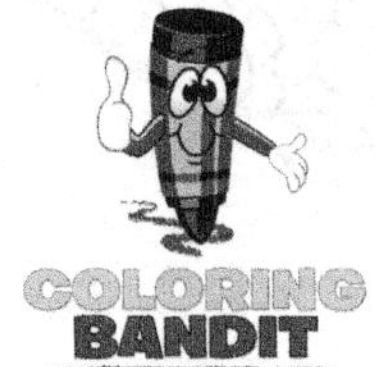

COLORING
BANDIT

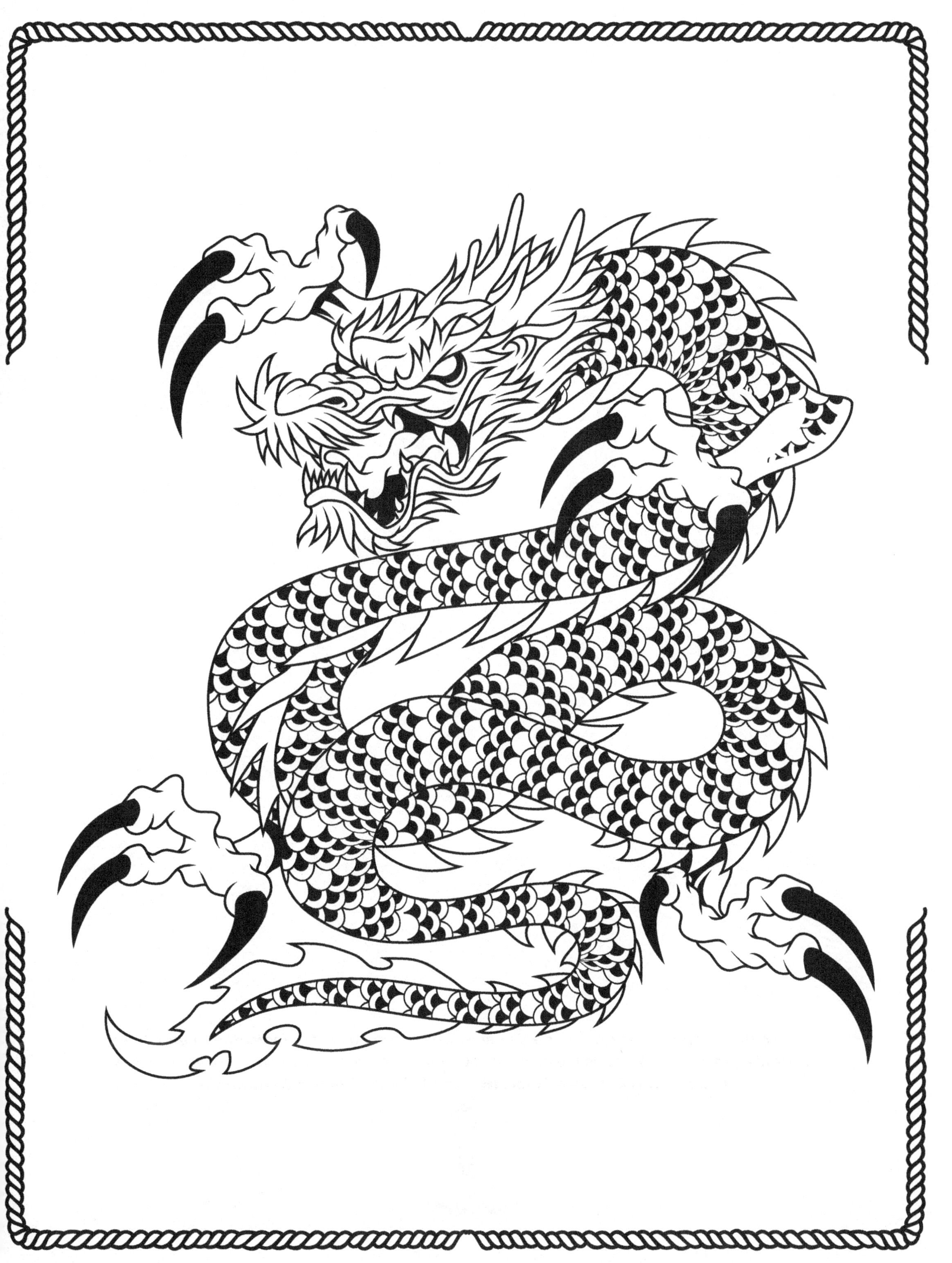

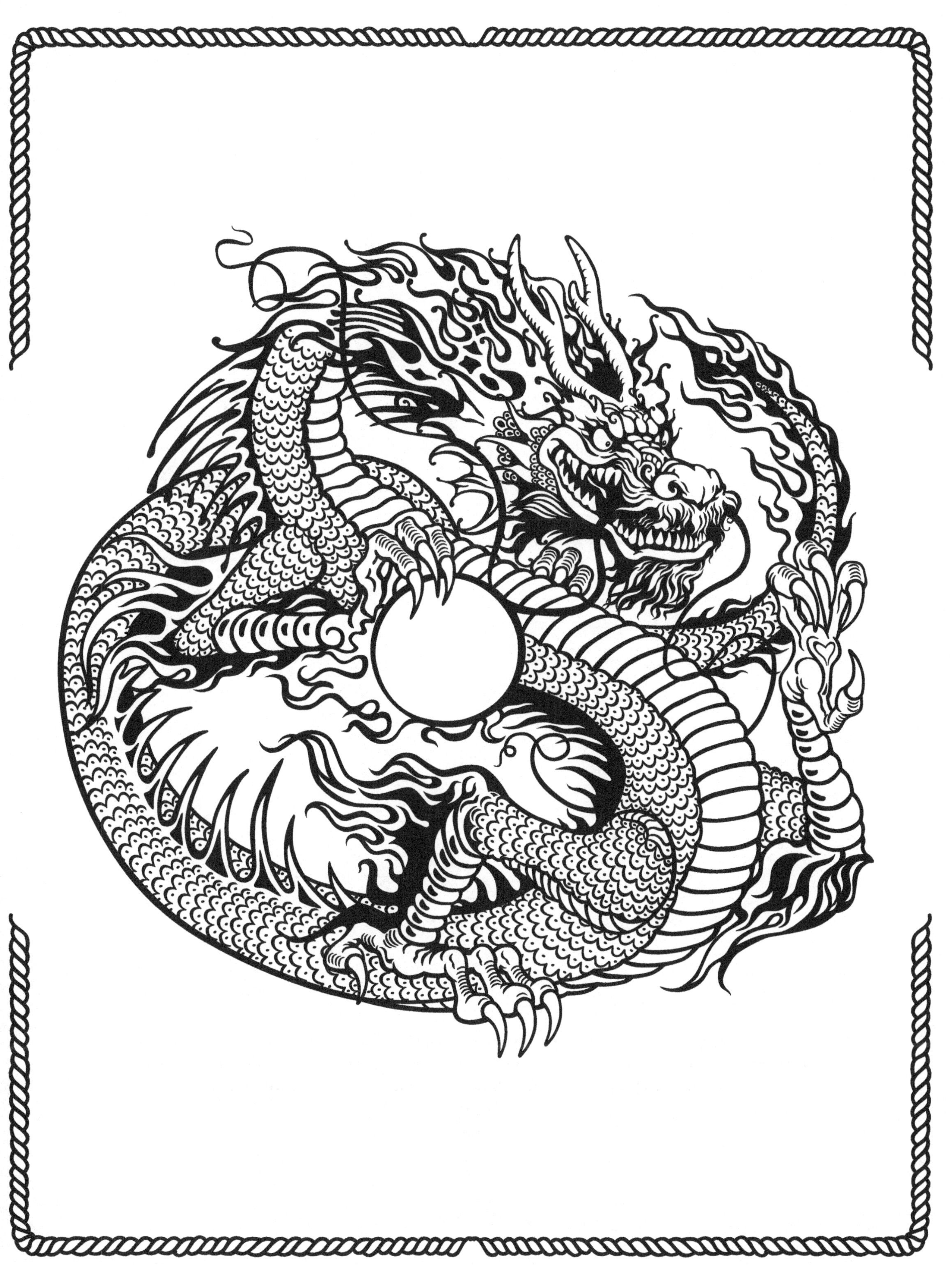

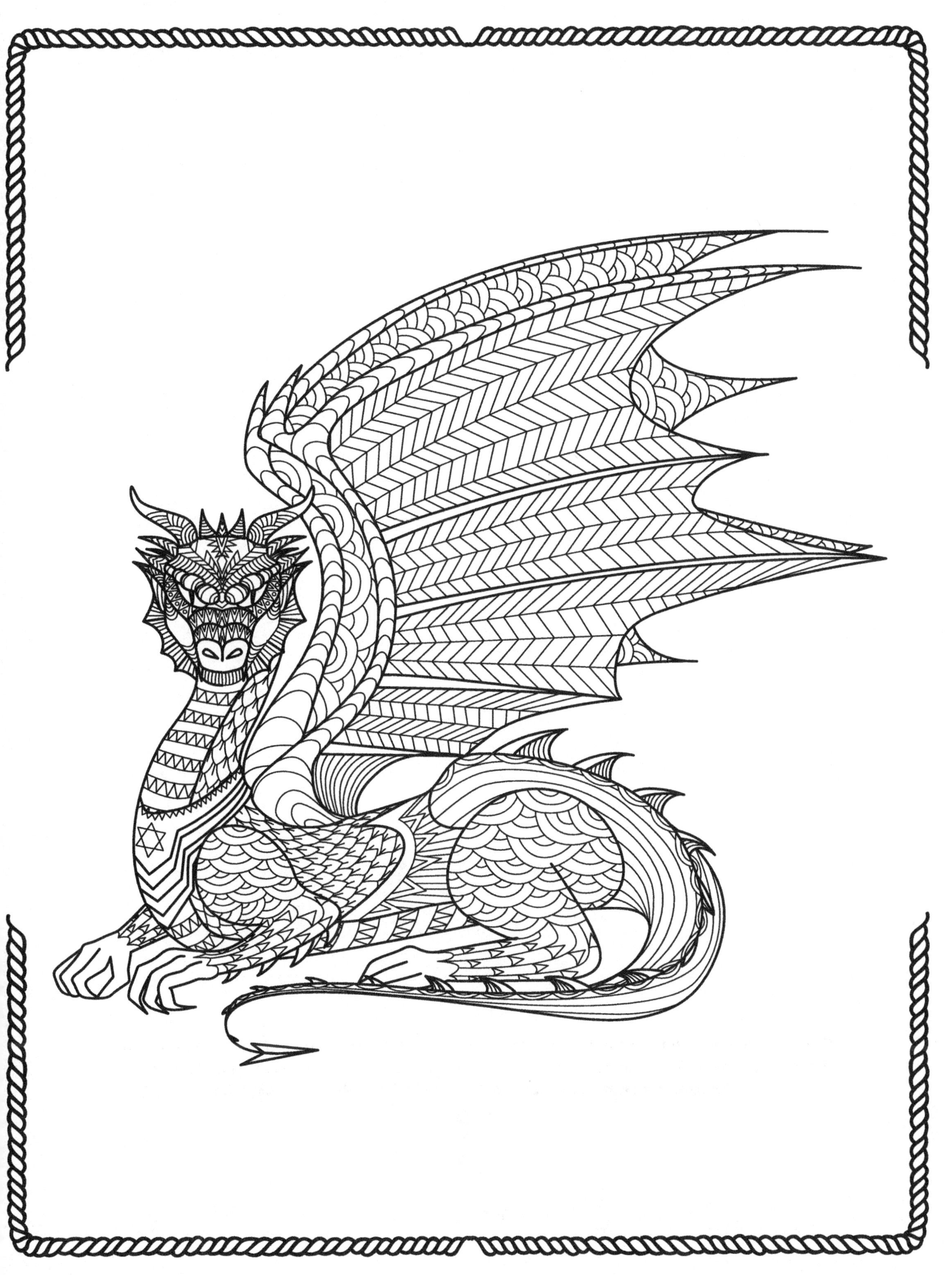

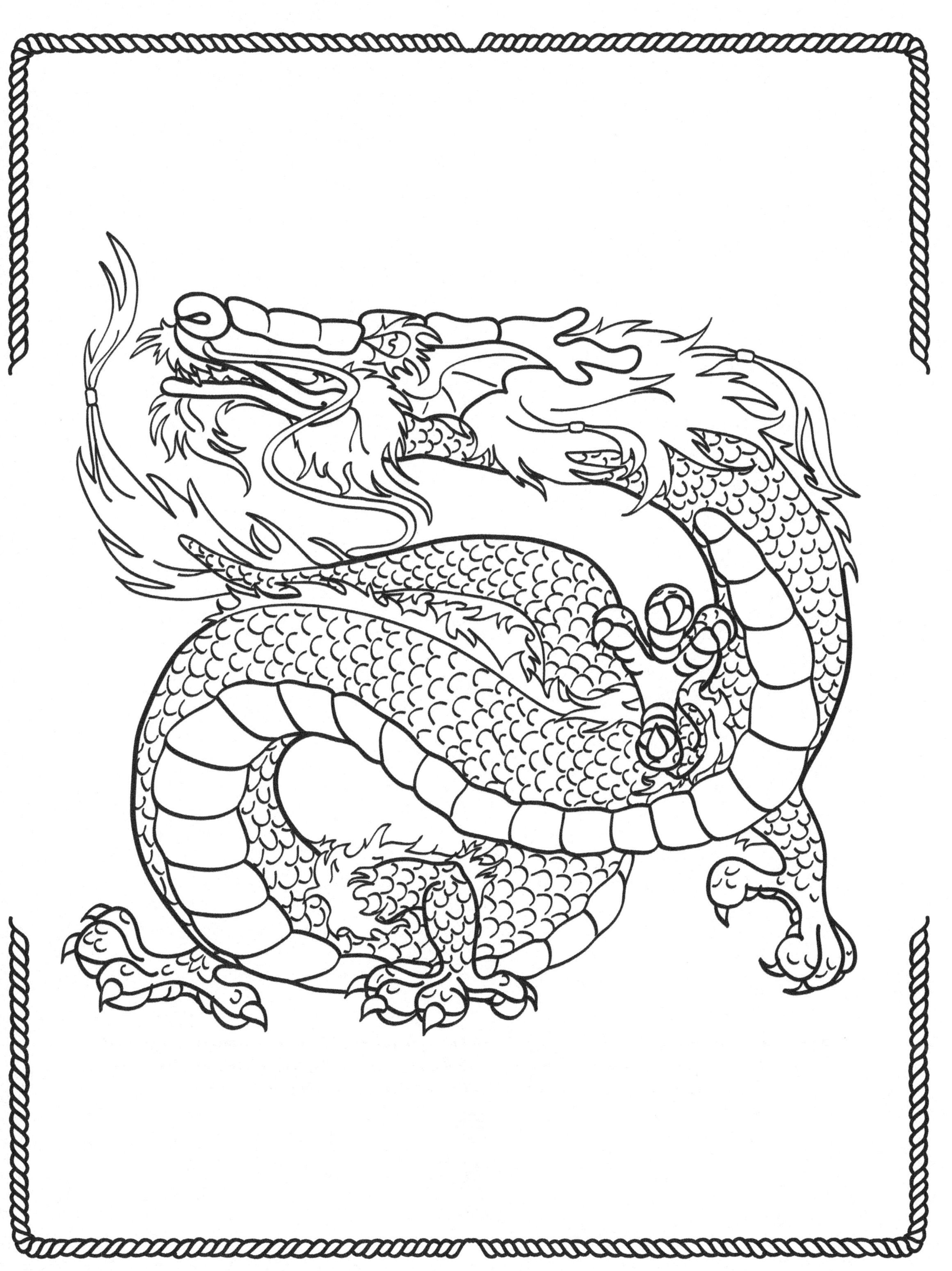

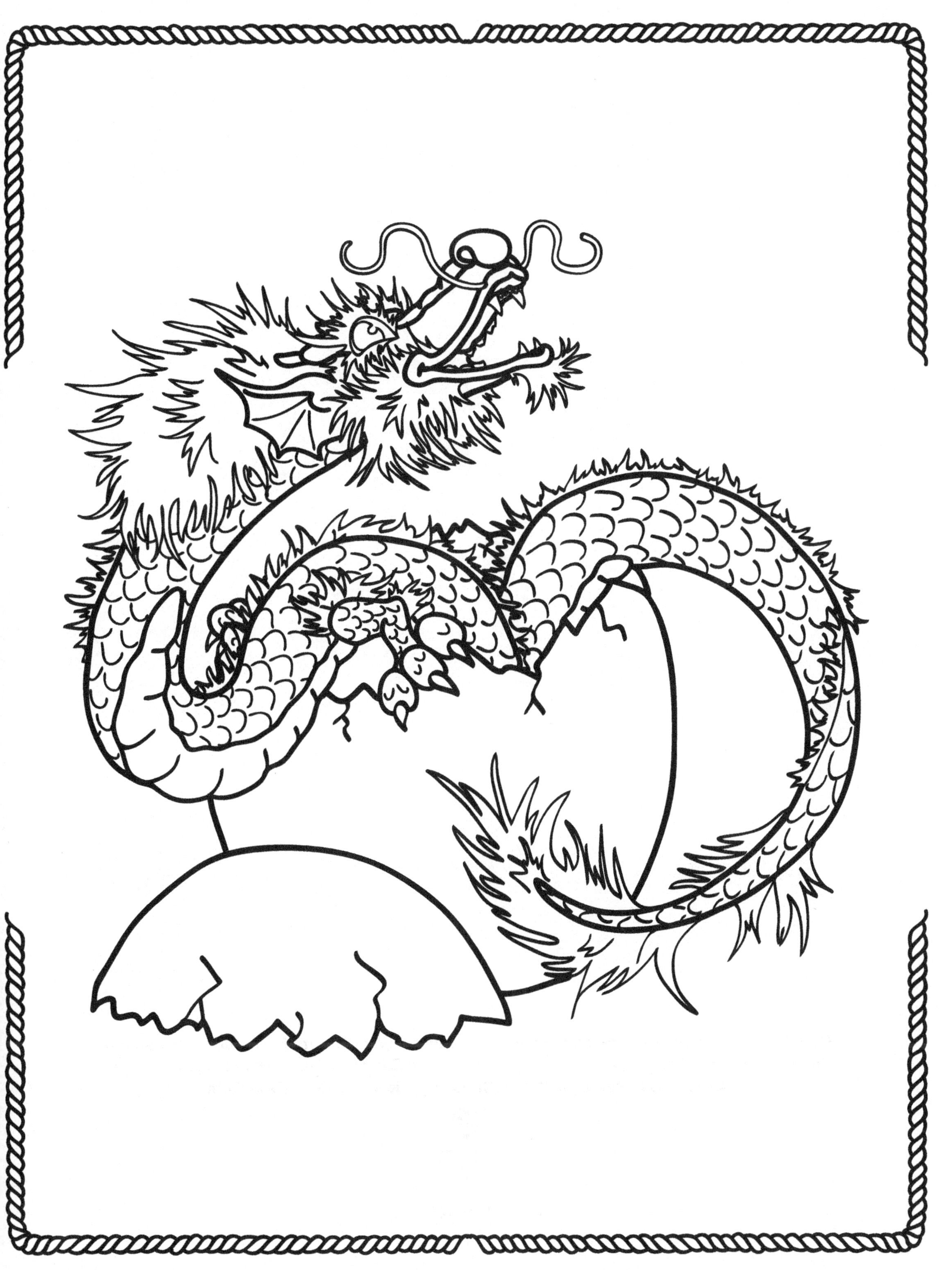

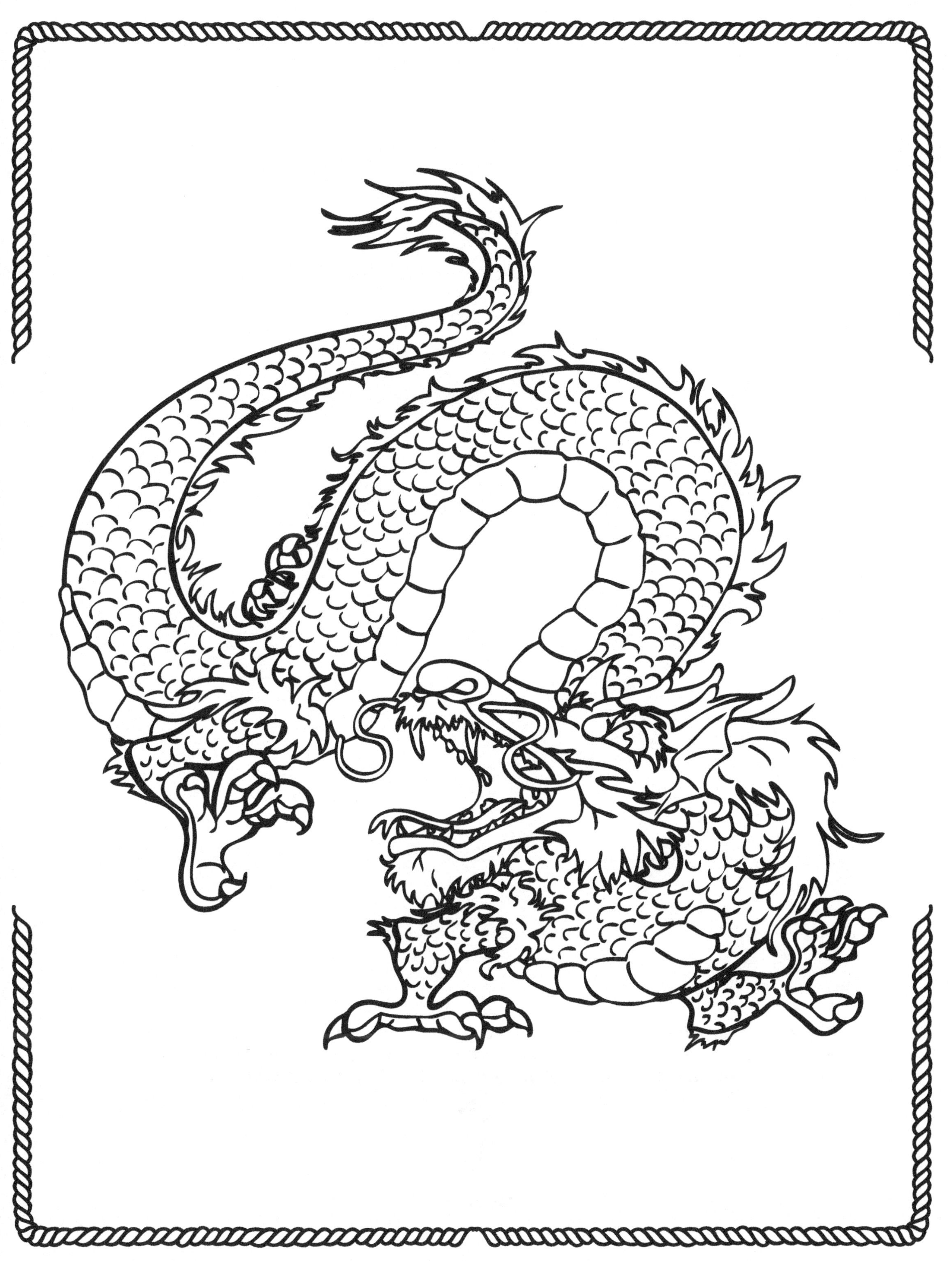

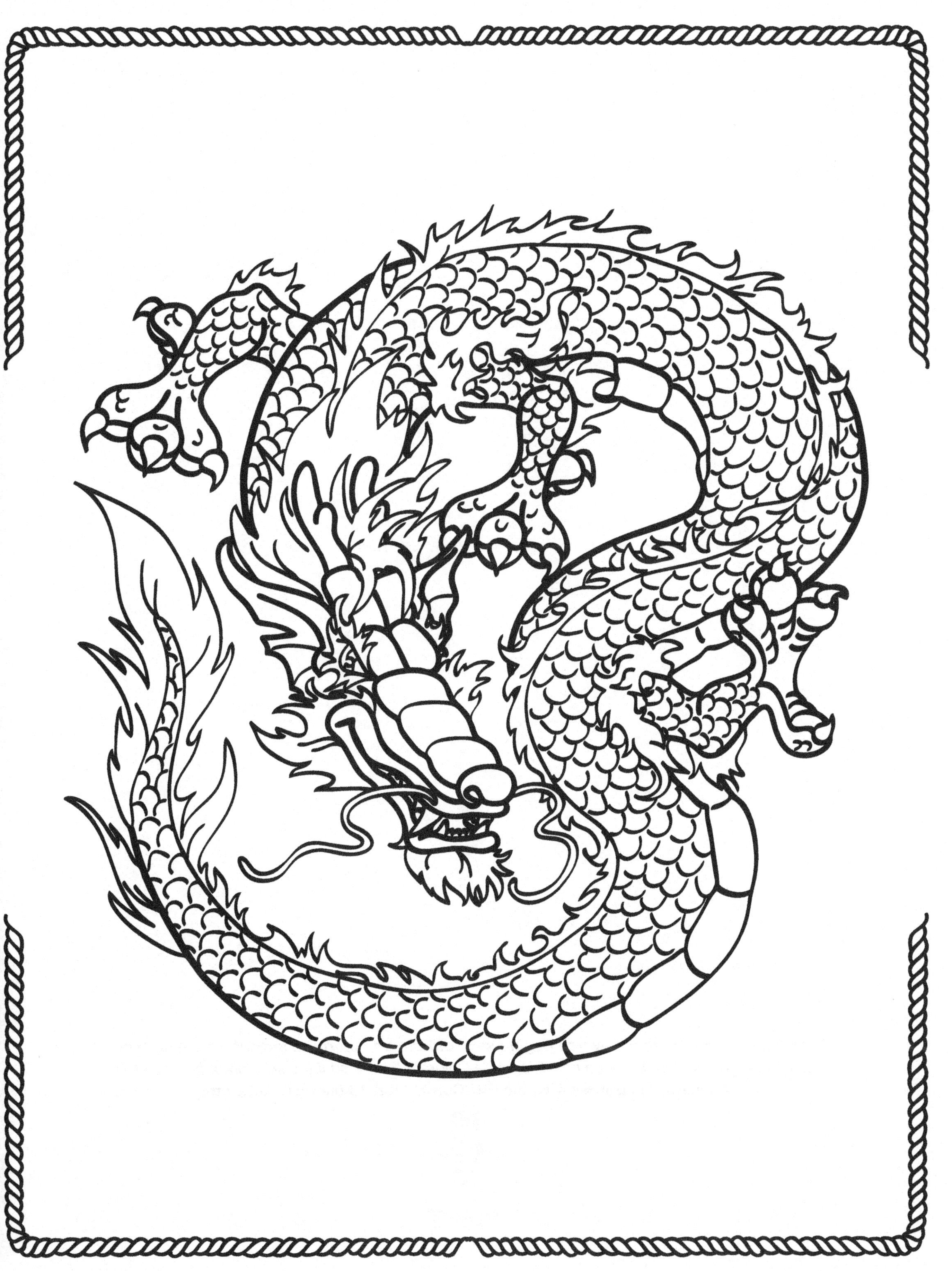

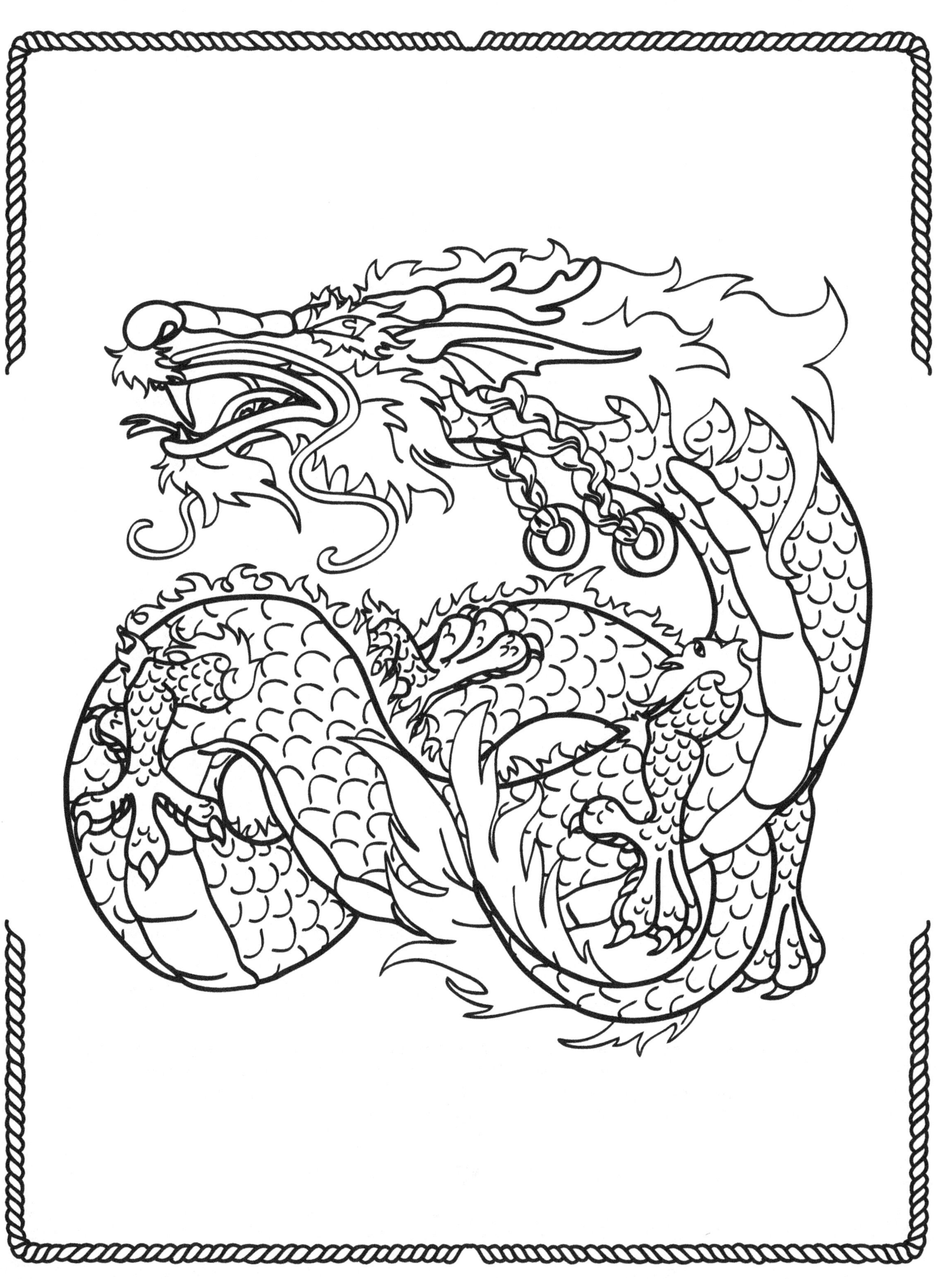

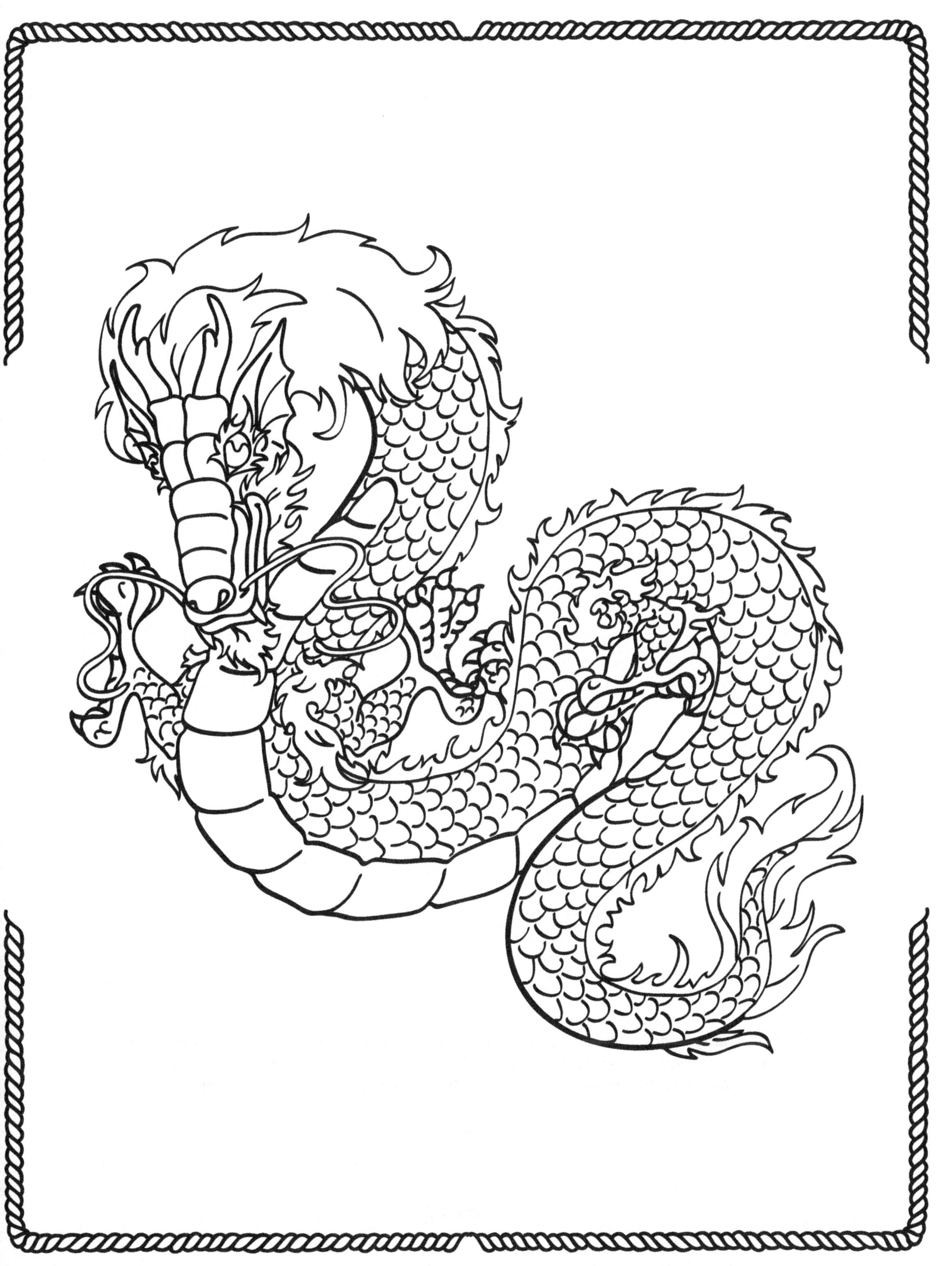

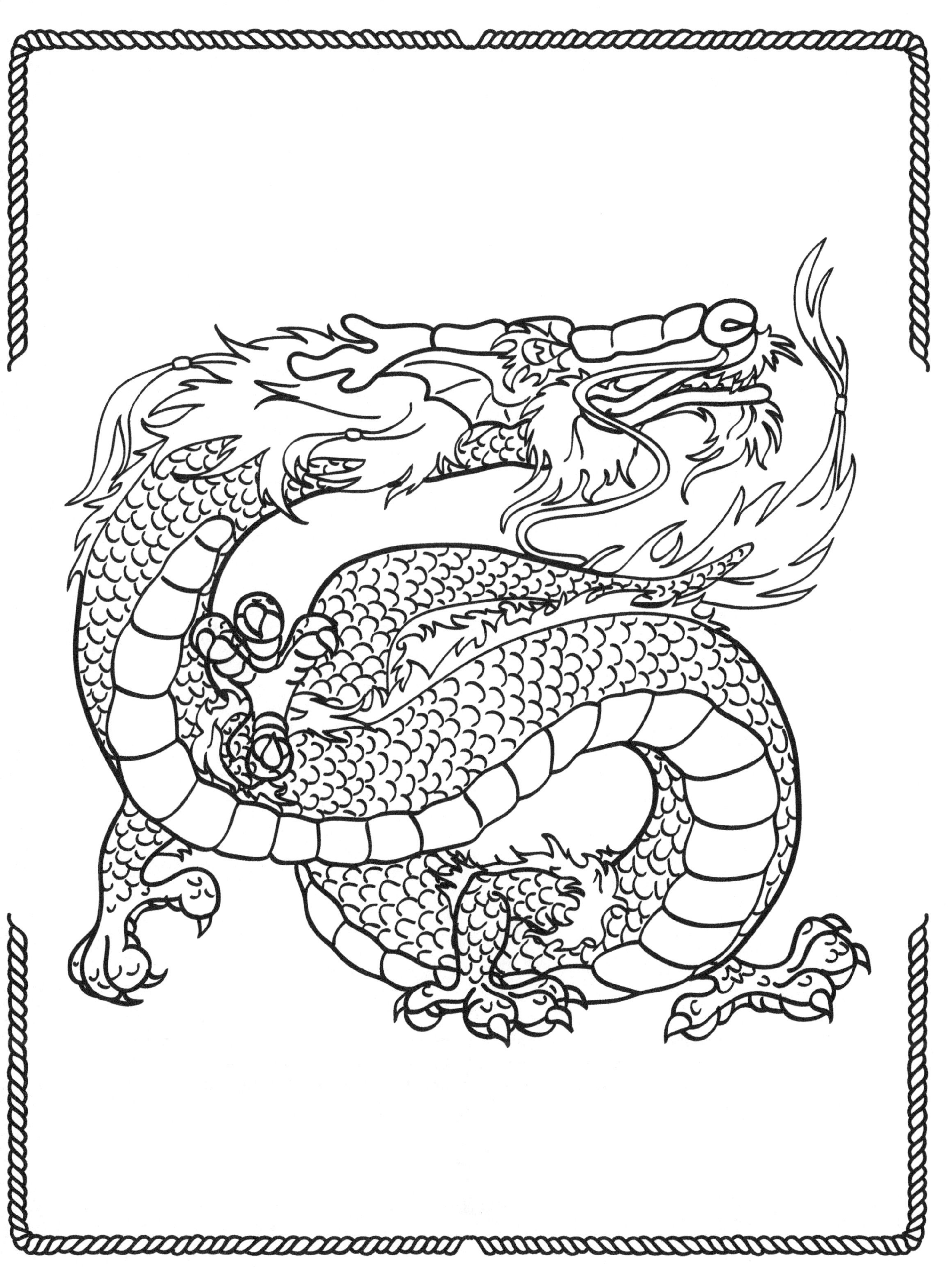

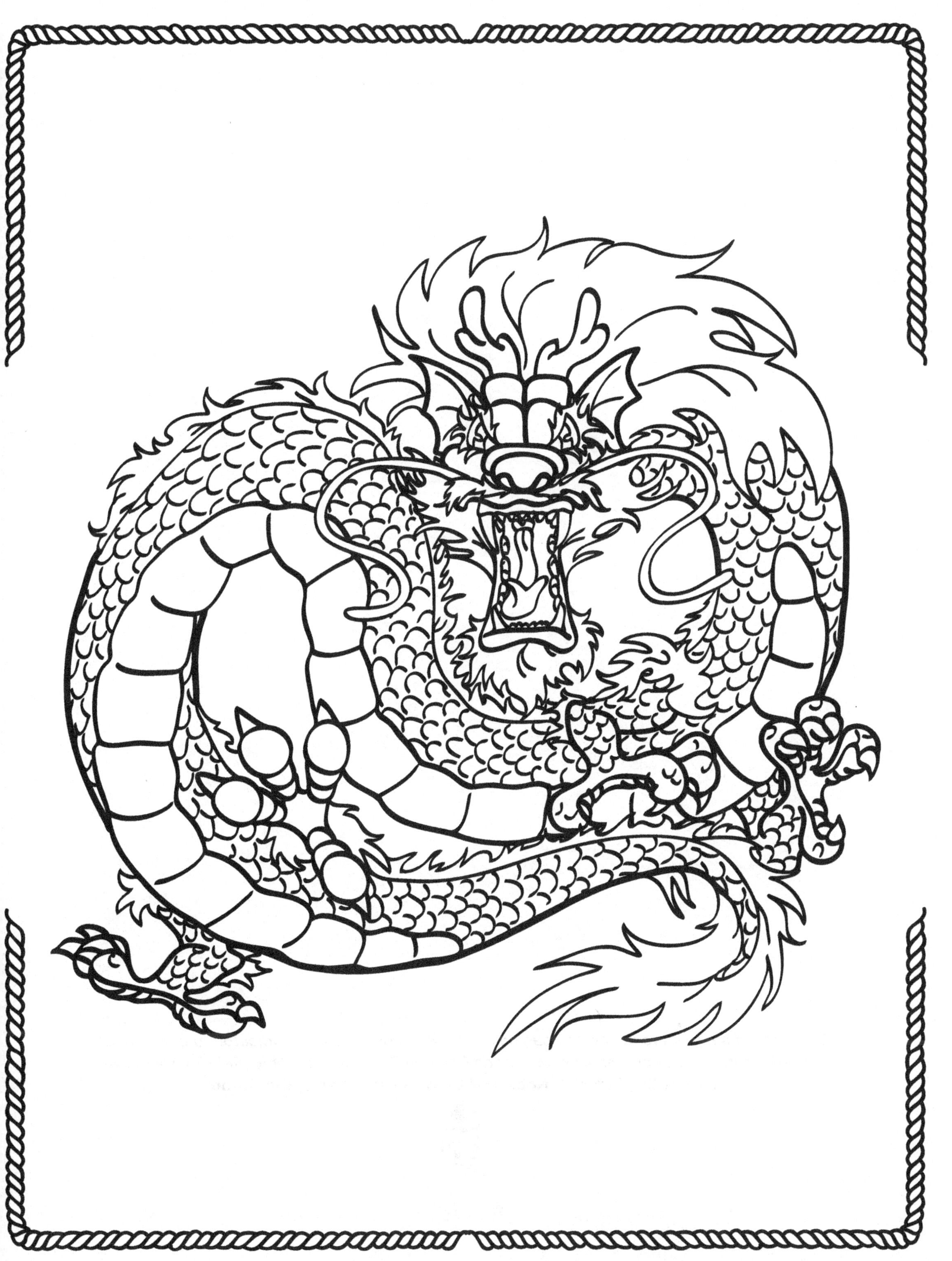

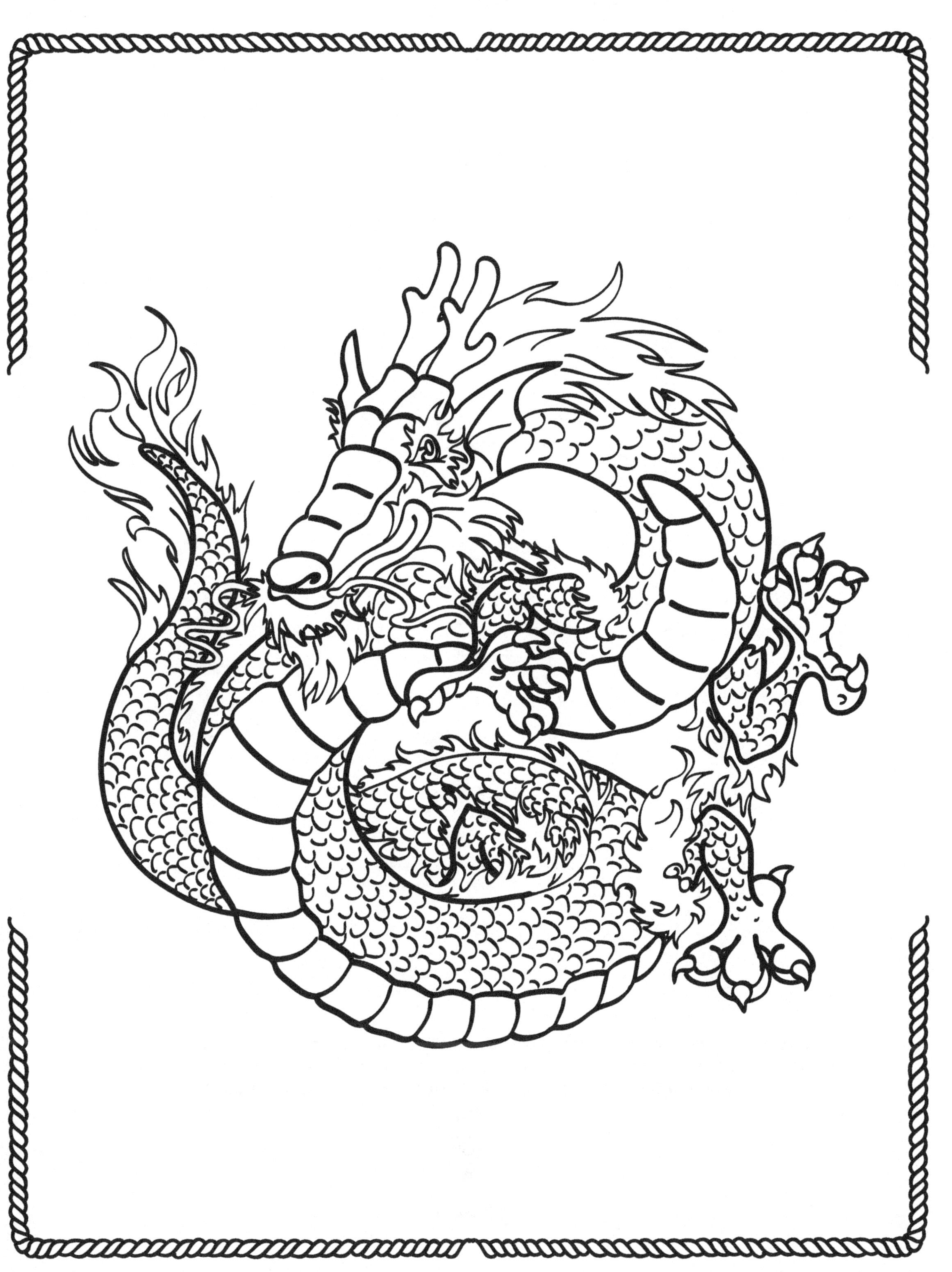

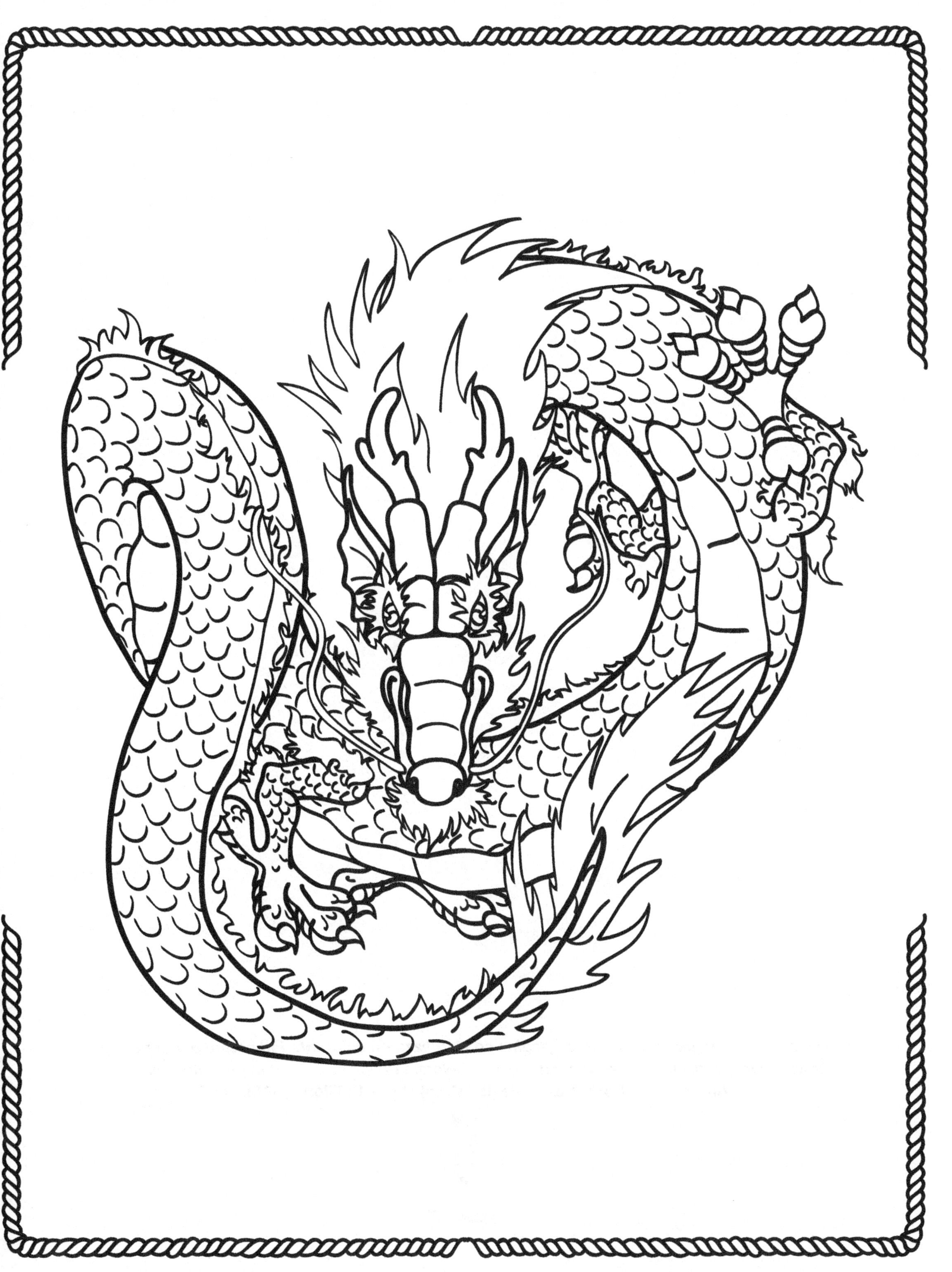

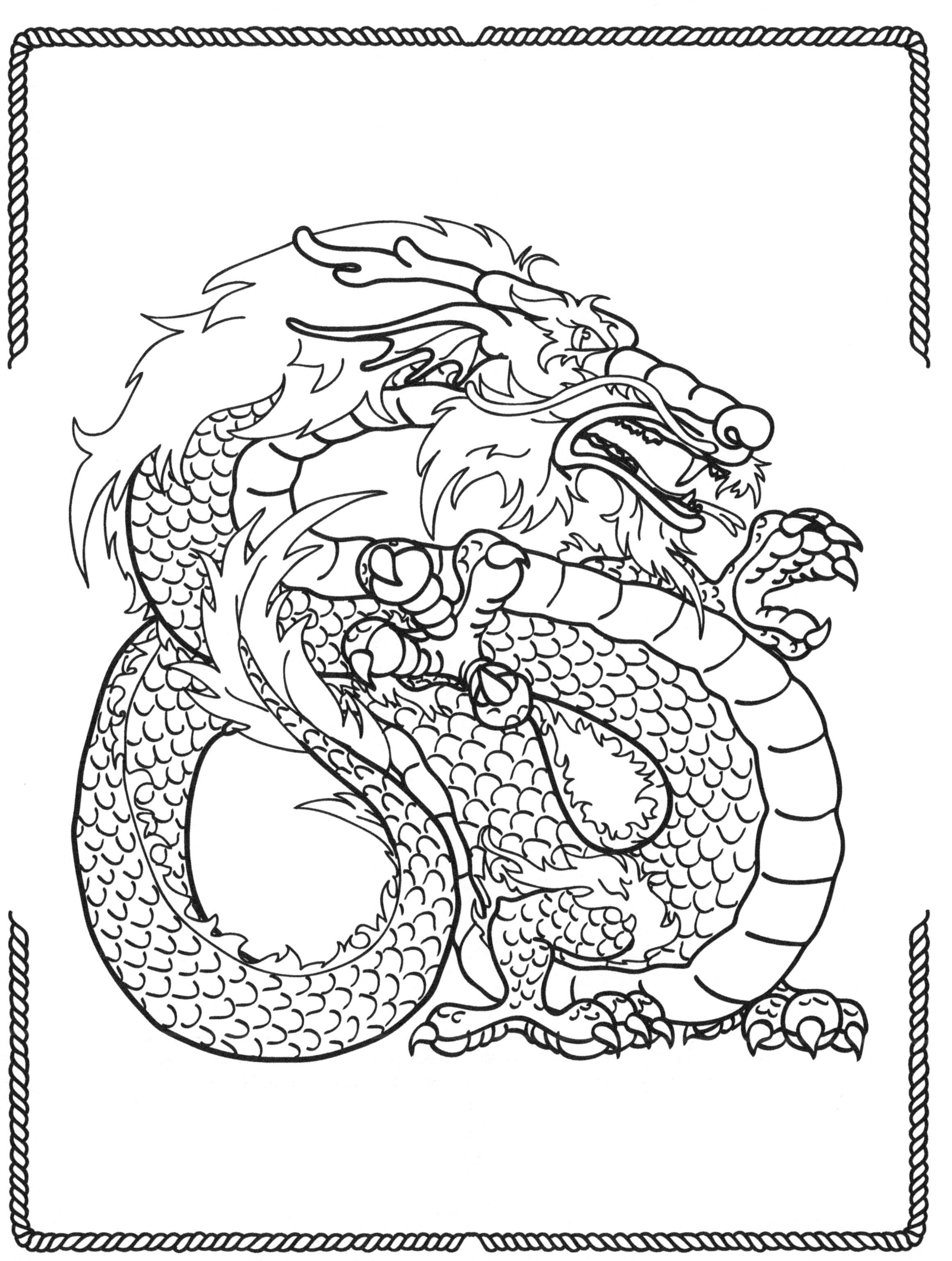

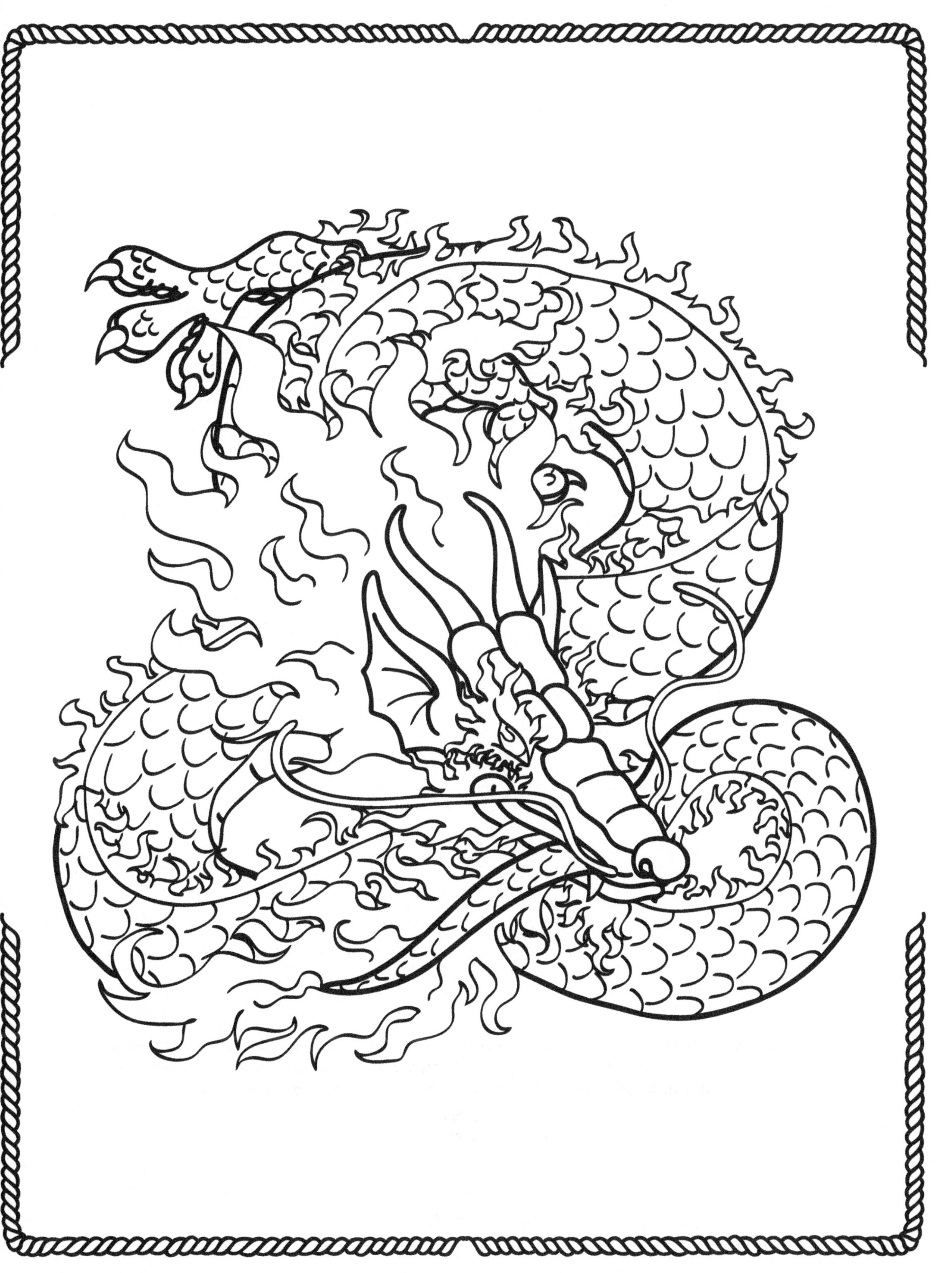

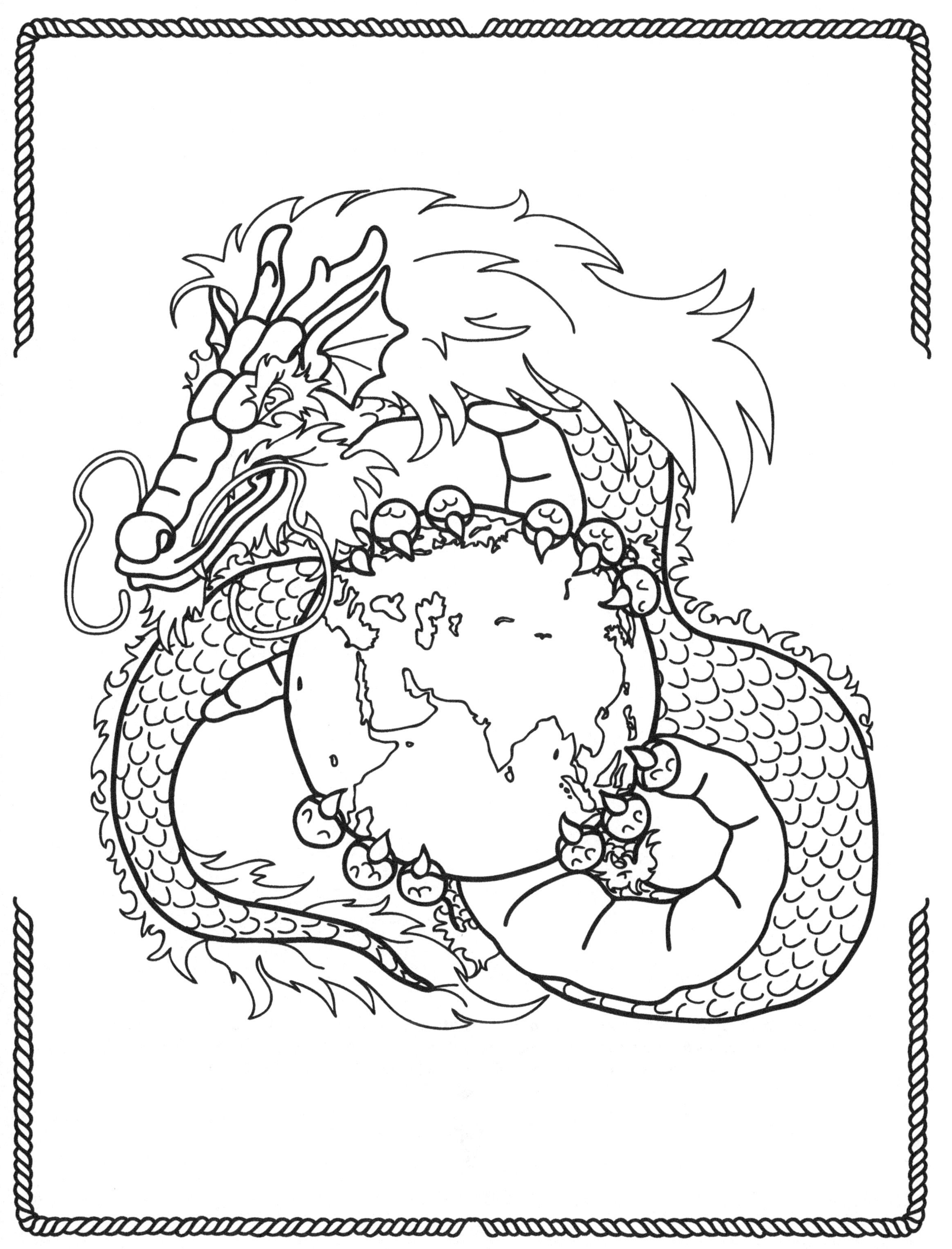

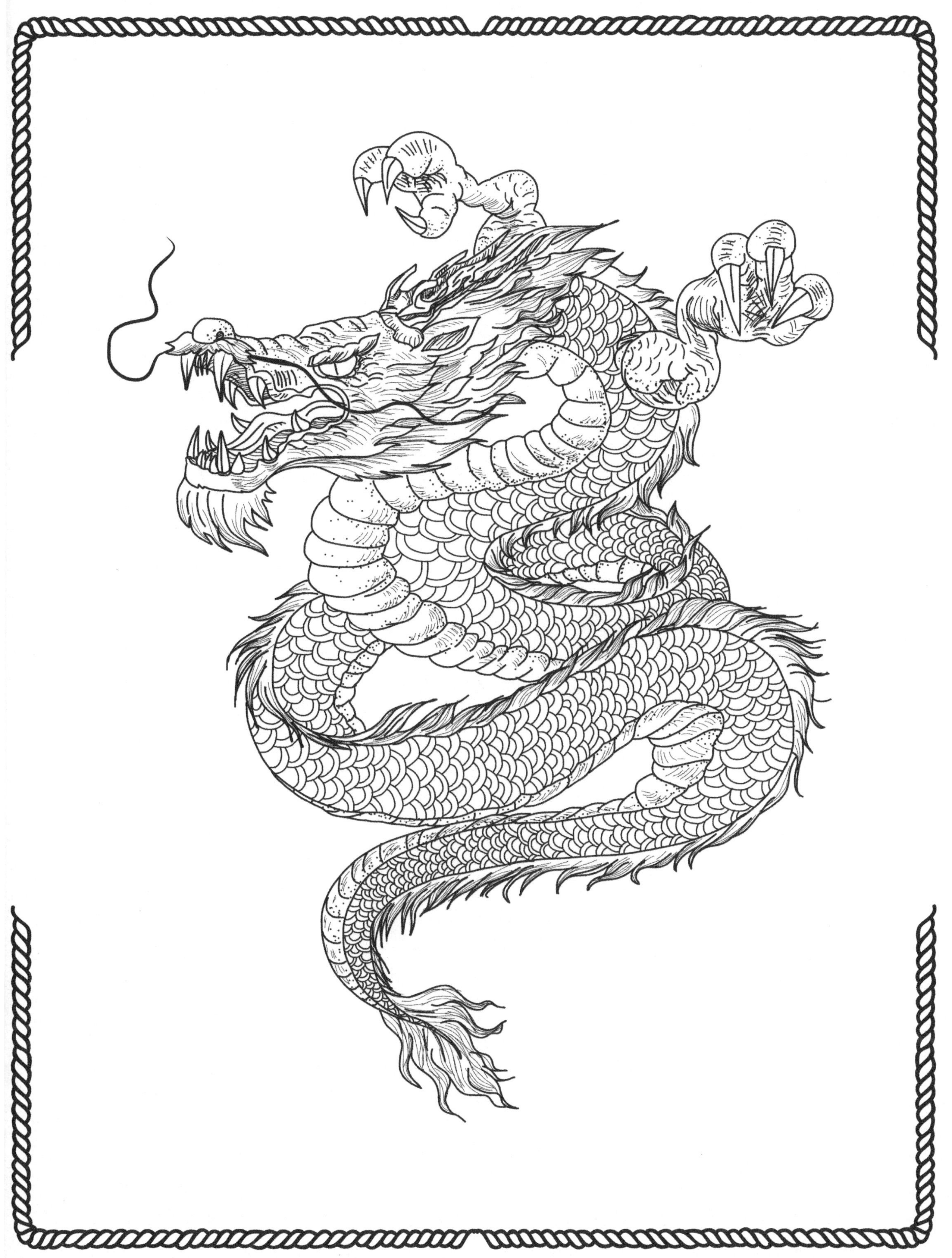

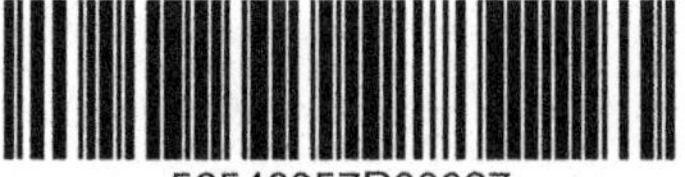